난파

내 삶을 지배하는 모든 가치관의 혁명적 무너짐

난파
WRECKED

제프 고인스 지음
이지혜 옮김

국제제자훈련원

This book was first published in the United States by Moody Publishers,
820 N. LaSalleBlvd., Chicago, IL 60610
with the title **Wrecked**,
copyright © 2012 by Jeff Goins. Translated by permission
All rights reserved

Korean Translation Copyright © 2013 by DMI Publishing, Seoul, Republic of Korea.

본 저작물의 한국어판 저작권은 Moody Publishers와 독점 계약한 도서출판 국제제자훈련원에 있습니다.
신 저작권법에 의하여 한국 내에서 보호받는 저작물이므로 무단 전재와 무단 복제를 금합니다.

헌사

내 최고의 팬이 되기로 맹세하고
한 번도 그 약속을 어긴 적 없는 여자 애슐리에게.
사랑합니다. 나와 함께 이 꿈을 좇아주어 고맙습니다.

내가 나의 재능을 발견하기 훨씬 오래전부터
작가로서의 가능성을 믿어준 쿤츠 여사께.
그때 그 글쓰기 과제가 어딘가에 아직 있을 겁니다. 감사합니다.

추천사

하나님의 더 풍성한 은혜의 자리에 들어가기 위해서는 나의 안전지대를 떠나야 한다. 독수리가 거센 바람을 피하지 않고 양 날개로 받으며 더 높은 상공에 올라 더 넓은 시야를 확보하는 것처럼 하나님을 신뢰하고 떠나는 모험과 철저한 무너짐은 더 크신 하나님을 발견하는 길이다. 진정한 무너짐이란 철저한 깨어짐과 자기 포기를 통한 새 출발을 의미한다.

이 책은 1988년 1월 4일 자정 남미 칠레의 비글 해협 Beagle Channel을 항해하다 물밑 바위에 얹혀 좌초한 Shipwrecked 오엠 선교선 Logos를 생각나게 한다. Logos 선체는 18년의 선교 사역 중에 사고를 당해 포기했지만 대신 Logos II를 1년 만에 재구입하고 1년간의 개조와 수리작업을 거쳐 두 배 더 큰 규모로 남미 사역에 재투입하였고 2009년부터는 다섯 배 더 큰 Logos Hope로 교체되어 지금도 사역 중이다. 이것은 이웃을 사랑하며 세상을 보다 아름답게 만들어 가고자 철저하게 헌신하고 순종한 자들이 단기 선교 참여자들과 함께 만들어가는 결실이다. 제프 고인스도 보름간 멕시코 선교 여행을 다녀온 이후로 그 효과를 믿게 되었다. 2주간의 짧은 일정이었지만, 교회가 세워지고 마비 환자가 낫고 공동체가 되살아나는 것을 목격하고 단기 선교의 잠재력을 보게 되었다. 단기 선교를, 참여자들의 마음과 세상의 필요를 연결해 주는 수단이자 기회로 보았다. 그리고 그 연결은 섬기는 사람과 섬김을 받는 사람들의 더 깊고 장기적인 변화로 이어져야 한다고 강조한다.

오엠국제선교회는 1957년 여름, (청년 3명의) 멕시코 단기 선교를 시작으로 매년 전 세계에 걸쳐 200-300개의 단기 선교팀을 운영하고 있다. 나는 지난 25년 동안 이곳에서 일하면서 제프 고인스의 경험과 도전을 하나도 놓칠 수 없었다. 매년 단기 선교를 떠나는 한국교회의 10만 젊은 청년들과 성도들에게 필독을 권한다.

● 김수용_ 한국오엠국제선교회 대표

우리 가족을 선교의 길로 이끈 것은 무너짐을 경험한 후 삶의 진정한 의미에 대한 갈망이었다. 제자의 길은 무너짐에서 시작해서 무너짐의 의미를 전하며, 십자가를 통한 자기 부인과 예수님을 따라 살아가는 연속적인 경험이다. 이 책은 우리가 놓치기 쉬운 진정한 제자도의 시작과 참된 인생의 가치에 관한 책이다. 더 나은 삶을 향한 추구가 아니라 진정으로 의미 있는 삶과 참 자유의 인생을 갈망하는 모든 이들에게 적극 추천하고 싶다.

● 박경남_ WEC국제선교회 한국대표

컴패션 현지 어린이들과 그 상황을 맞닥뜨렸을 때, '무너짐'만큼 적절한 표현이 또 있을까? 학대받고 버림받고 죽어가는 어린이들을 만났을 때 말이다. 이렇게 무참하게 무너진 마음을 아물게 하는 건, 결국 이 어린이들이 누군가의 사랑으로 회복되어 보여주는 환한 웃음이다. 이것이 내가 아는 유일한 처방전이다. 이 책을 통해 이루어질 무너진 사람들의 아름다운 회복을 기대한다.

● 서정인_ 한국컴패션 대표

우리는 자주 경험하는 혼란으로부터 벗어나 인생의 참다운 목적을 향해 살기를 갈망한다. 젊은이들은 더욱 그렇다. 이런 과정에서 하나님은 우리의 내비게이션이 아니라 등대이시다. 삶의 최종적인 가치는 주어지는 것이 아니라 발견해 가는 것이다. 제프 고인스는 인생의 참된 가치의 발견은 무너짐을 경험하는 것에서 출발한다고 말한다. 그리고 그 속에서 새로이 만들어져 가는 자신을 발견할 것이라고 촉구하고 있다. 무너짐이란 철저한 자기인식 Self-awareness 을 말한다. 저자는 다양한 상황에서 자신과 주위 사람들 속에서 일어나는 자기인식과 이로부터 출발하여 새로운 삶의 목적을 발견해 가는 여정을 매우 면밀하게 관찰하고 이에 대한 구체적인 대안들을 제시하고 있다. 이 책을 통해 독자들은 우리의 삶이 의미 있고 가치 있는 것으로 발전해 나가게 해줄 아주 훌륭한 멘토를 만나게 될 것이다.

● 한철호_ 선교한국파트너스 상임위원장

하나님은 모든 것이 뒤집힌 그 나라에서, 우리가 우리 인생을 다른 사람들에게 내어 줌으로써 우리의 인생을 발견할 수 있다고 약속하신다. 하나님이 당신에게 주신 열정은 무엇인가? 당신의 시간과 재능과 재물을 요구하는, 당신보다 더 큰 그것은 무엇인가? 이 책에 담긴 저자의 생각들을 읽으면서 이 질문들을 고민해보기 바란다. 그 결과는 당신의 인생을 송두리째 바꿔놓을 것이다.

● 웨스 스테포드 박사_ 컴패션 인터내셔널 대표

우리가 품고 있는 불만족에 대한 놀라운 해결책이 있는데, 이 아름다운 책이 그 해결책을 알려준다. 우리는 변해야 한다. 깨어져야 한다. 이 책의 교훈들이 그 광야 가운데로 당신을 인도해줄 것이다.

● 크리스 길아보_ 『100달러로 세상에 뛰어들어라』 저자

"진정한 복음은 불안한 사람들을 편안하게 해주고, 편안한 사람들

을 불안하게 만든다"는 말이 있다. 제프는 예수님이 상한 마음을 치유하실 뿐 아니라 현 상황을 산산이 부서뜨리기 위해 오셨다는 사실을 일깨워준다. 당신도 이 책을 읽고 예수님께 '예'라고 대답하고, 당신 인생으로 대담한 일을 하겠다고 결심하라. 당신이 이 책을 통해, 뒤집힌 하나님 나라와 어울리지 않는 이 세상 모든 방식을 거부하는 거룩한 사람이 되기를. 사람들을 사랑으로 소생시키고 껍데기뿐인 옛 세상 가운데 새 세상을 건설함으로 예수님의 혁명적 사역에 동참할 수 있는 용기를 얻게 되기를.

● 셰인 클레어본_ 저자, 활동가, 예수님을 사랑하는 자,
www.facebook.com/ShaneClaiborne

제프 고인스가 내가 가장 좋아하는 종류의 책을 썼다. 그는 이 내용을 삶으로 살아낸 다음, 글로 써냈다. 그 결과가 이 책이다. "인생에 뭔가 더 있지 않을까?" 하고 한 번쯤 생각해 본 사람이려면 모두 이 책을 읽어야 한다.

● 존 애커프_ 월스트리트저널 베스트셀러 *Quitter* 저자

제프 고인스가 젊은이들을 향한 가슴 설레고 교훈적이며 흥미진진

하고 강력한 요청을 책으로 펴냈다. 내가 아는 20대 친구들에게 모두 한 권씩 안겨 주고 싶은 책이다.

● 샤우나 니퀴스트_ 『반짝이는 날들』, 『괜찮아, 다 잘하지 않아도』 저자,
www.shaunaniequist.com

대다수의 사람들이 꿈꾸는 인생이 있지만, 당신이 그런 인생을 살게 될 가능성은 희박하다. 하지만 살아가면서 하나님이 당신을 위해 예비하신 모든 것을 받아들이기 위해 당신이 선택할 수 있는 대안들이 있다. 제프는 우리가 많은 사람들에게 필요한 믿음의 단계를 밟을 수 있도록, 의도적이면서도 품위 있게 돕는 역할을 훌륭히 해냈다.

● 피트 윌슨_ 크로스포인트 교회 목사, 『플랜 B』, 『하나님인가, 세상인가』 저자

제프의 글을 오랫동안 봐온 나는 분명히 말할 수 있다. 그는 자기가 말한 대로 사는 사람이다. 약하고 가난한 사람들을 돕는 일에 삶을 바친 그는 우리 마음을 울리는 목소리로 자신의 가슴 아픈 경험과 몸부림을 들려준다. 이 책을 읽되, 주의하라. 책을 덮을 즈음이면 당신은 전혀 다른 사람이 되어 있을 테니.

● 앤 잭슨_ 강연가, *Mad Church Disease*와 *Permission to Speak Freely* 저자

당신이 목적도 영감도 없이 어둠 속을 더듬고 있다면, 이 책이 당신에게 필요한 손전등이 되어 다음 여정을 비춰 줄지도 모른다.

● 프랭크 비올라_ *From Eternity to Here*과 *Jesus Manifesto*의 저자,
www.frankviola.org

오랜 세월 많은 젊은이를 멘토링했지만, 제프 고인스처럼 잘 따라온 사람은 별로 없었다. 또래들보다 몇 년을 앞서 있는 그의 성숙함과 헌신은 모범이 될 만하다. 이 책에 실린 글이 겸손과 열정을 품은 마음과 그것이 드러난 삶을 여실히 보여준다.

● 세스 반즈_ 어드벤처 인 미션 이사

이 책은 깨어짐을 다룬 전형적인 책들과는 다르다. 제프의 글쓰기는 깊이 있고 신랄하다. 그는 대다수 사람들이 너무 소심해서 선뜻 살지 못하는 인생, 스릴과 모험이 넘치는 인생으로 안내하는 글을 썼다. 이 책을 읽으면 당신의 생각이 달라질 수밖에 없을 것이다. 나도 그랬으니까.

● 채드 자나진_ 작곡가, 아티스트

WRECKED

WRECKED

차례

016   서문
024   들어가는 글

031   **1장**
       당신은 무너져야 한다

059   **2장**
       진정한 나를 발견하려면

079   **3장**
       와서 죽으라

097   **4장**
       나는 어떻게 무너졌는가

123   **5장**
       헌신하라

145 **6장**
헌신의 열매

171 **7장**
떠나야 할 때

193 **8장**
직장 구하기

215 **9장**
원치 않는 곳으로

233 **10장**
다른 사람의 인생 무너뜨리기

256 주
260 감사의 글

서문

언젠가 제프 고인스가 트위터로 메시지를 보내, 만나서 블로그에 대해 대화를 나누고 싶다고 했다. 나는 이런 종류의 요청, 특히 모르는 사람에게서 온 메시지는 대부분 거절하는 편이다. 내가 맡은 다른 책임들을 감당하는 데만도 시간이 부족하기 때문이다.

하지만 우리는 같은 도시에 살고 있고, 그가 우리 집 근처 스타벅스에서 만나자고 청했기에 마지못해 승낙했다. "좋습니다. 목요일 4시면 어떨까요?" 그리고 며칠 뒤 그를 만났다.

친구와 팬

제프는 내 아들뻘이었지만 우리는 만나자마자 친해졌고, 블로그와 인생에 대해 유익한 대화를 나누었다.

맨 처음 내 시선을 사로잡은 것은 그의 영리함이었다. 제프는 정말 똑똑했다. 그는 온라인에서 사람들과 어떻게 관계를 맺어야 하는지를 직관적으로 이해했다. 컴퓨터광은 아니지만 테크놀로지를 십분 활용할 줄 알았다. 또 그는 글쓰기를 배우는 학생이었다. 우리가 공통으로 읽은 책도 많았다.

하지만 제프는 그저 똑똑하기만 한 친구가 아니라 지혜롭기도 했다. 흔히들 하는 말로, '애늙은이'였다. 자기 인생과 대중문화, 세계 전반에 대해 신중한 관점을 지닌 젊은이였다. 성인기까지 연장된 청소년기가 환영받는 요즘 같은 시대에, 보기 드문 자질이라고 할 수 있다.

그의 대담한 영혼도 나의 시선을 끌었다. '어드벤처 인 미션'에서 하는 일과 해외 선교여행, 노숙자들과의 만남 등 제프는 자신의 안전지대를 벗어나는 것을 두려워하지 않았다. 보기 드물게 용기와 겸손을 겸비한 매력적인 친구였다. 그가 마음에 들었다.

그렇게 우리의 우정은 시작되었다.

그때부터 제프의 블로그를 찾기 시작했다. 나는 훌륭한 작가는 아니지만, 출판인으로서 좋은 글을 알아보는 안목이 있다. 지난 30년간 훌륭한 작가들을 채용해서 훈련시키고 홍보하는 일을 해왔기 때문이다.

일주일에 두어 차례 이상 제프의 블로그 글들을 내 트위터에 소개하고 있다. 그는 내가 세상에 널리 알리고 싶은 그런 작가다. 나는 그에게 솔직히 이렇게 말한 적이 있다. "내가 좀 더 발전하면 자네처럼 글을 쓰고 싶네."

이제는 그의 팬이 된 것 같다.

제프가 '무너짐'이라는 주제로 책을 쓴다고 말했을 때 나는 조금 혼란스러웠다. 주변에서 흔히 들을 수 있는 표현이 아니었기 때문이다. 세대 차이 때문일지도 모른다고 생각했지만, 제프가 그 개념을 설명해주자 바로 이해가 되었다.

그가 말해주기 전까지 그런 사건을 묘사할 이름만 없었을 뿐, 나도 제프를 만나기 1년 전쯤 무너짐을 체험한 적이 있다.

거품 밖으로

2009년, 우리 부부는 월드비전 리치 스턴스Rich Stearns의 초청으로 아프리카에 다녀왔다. '검은 대륙'은 처음이었다. 늘 아프리카에 가보고 싶었지만, 이전에는 시간을 내기 어려웠다.

영화 "트루먼 쇼"*The Truman Show*의 주인공 트루먼 버뱅크(짐 캐리)

처럼, 우리도 '구성된 현실'을 살았던 것 같다. 내게는 아름다운 아내와 다섯 딸, 만족스러운 일이 있었다. 행복하고 편안한 삶이었다. 내가 거품 속에 살고 있다는 사실은 깨닫지 못한 채 말이다.

우리는 에티오피아 어느 시골에서 일주일을 지냈다. 그곳의 가난은 믿기 어려울 정도였다. 그곳에서 고작 몇 달러로 한 달을 살아가는 사람들, 식수를 얻으려고 하루에 15킬로미터 이상 걸어 다니는 사람들, 부모를 에이즈로 잃고 고아가 된 아이들을 만났다.

에티오피아 사람들은 끊임없는 역경에도 웃음을 잃지 않았다. 우리와 동행한 친구 맥스 루케이도Max Lucado는 이렇게 말했다. "쇼핑을 즐기는 미국인들보다 가난한 에티오피아 사람들의 얼굴에 정직한 미소가 더 많다."

한 여자와 오두막

여행 마지막 날에는 어느 작은 마을을 찾아 우스네라는 여자를 만났다. 이 아름다운 여인에게는 슬픈 사연이 있다. 남편이 급사한 후, 이 여인은 네 자녀와 함께 방 한 칸짜리 오두막에 남았다. 남편 없이 살 길이 막막했던 그녀는 절망과 낙심에 빠졌다. 하나님께 자기도 데려가 달라고 기도했지만, 그분께는 다른 계획이 있었다.

월드비전에서 네 자녀 중 두 자녀를 도와줄 후원자를 찾았다.

덕분에 그녀도 숨통이 트였다. 시간이 지나면서 여인은 닭을 사서 달걀을 팔았고, 그 돈으로 다시 닭을 구입했다.

그렇게 해서 소를 샀고, 우유를 판 돈으로 소를 더 많이 샀다. 아이들 후원자들의 도움으로, 드디어 방 네 칸짜리 자그마한 집 한 채를 마련할 수 있었다. 진흙 바닥에 벽을 치고 양철 지붕을 얹은 그 집은 미국인들이 보기에는 변변찮은 집이었다.

우스네를 만난 날, 그녀의 얼굴에서는 빛이 났다. 우리가 통역사를 통해 대화를 나누는 동안 아이들은 엄마 주변에 얌전히 앉아 있었다. 우스네는 힘든 사연을 나누면서도, 자기 가족을 돌보신 하나님을 떠올리며 미소를 잃지 않았다.

사실, 우스네는 재정적으로 아주 넉넉해져서 같은 마을에 사는 두 아이를 입양했다. 집에는 중고 가구 두어 점이 있었고 전기가 들어와서인지 천정에 전구 하나가 매달려 있었다.

우리 기준으로는, 여전히 절망적인 빈곤 상태였다. 하지만 그 마을 기준으로는, 잘사는 축에 속했다.

우스네의 사연에 크게 감동한 맥스는 그녀의 넉넉지 못한 형편이 안타까워 이렇게 물었다. "우스네, 더 필요한 게 있나요? 우리가 어떻게 도와주면 좋을까요?"

그녀의 대답에 우리는 말문이 막혔다.

"아무것도 필요 없어요. 필요한 건 다 있답니다. 제가 바로 세상에서 가장 행복한 여자에요." 그녀의 말은 진심이었다.

일행 중에는 눈물을 흘리는 사람도 있었다. 30분 만에, 우리의 세계관이 완전히 뒤집혔다.

무너짐과 변화

집으로 돌아오는 비행기에서 나는 깊은 생각에 빠졌다. 아내도 마찬가지였다. 한두 마디만 해도 눈물이 터질 것 같았다. 에티오피아 여행은 우리 부부에게 막대한 영향을 미쳤다. 한마디로, 우리는 무너졌다.

떠날 때만 해도 에티오피아 여행이 우리의 미래에 어떤 의미가 있을지 알지 못했다. 일을 그만두고 아프리카로 가야 하는지, 재산을 팔아 가난한 사람들을 도와야 하는지, 아니면 그냥 이대로 살아야 하는지 막막했다. 하지만 안락한 삶의 거품 속으로 다시 들어가고 싶지는 않았다.

세월이 흐르면서 우리는 그 체험이 우리 인생에 의미하는 바를 조금씩 알아갔다. 하지만 다 이해하지는 못했고, 그 점은 지금도 마찬가지다. 그러나 반문화적이고 용기있는 결정을 내리기 위해 열심히 노력하고 있다. 간단히 말해, 더 이상 안락한 삶만으로는 부족하다. 우리는 이 세상과 영원한 나라에 이바지하고 싶다.

대담한 삶으로의 초청장

제프의 책을 통해 당신도 그런 삶을 살 수 있다. 이 책의 의도는 독자들을 산적한 세상 문제들에 위축되게 하려는 것이 아니다. 행동이 부족하다고 죄책감을 느끼게 하려는 것도 아니다. 그보다 더 큰 의도가 있다.

이 책은 당신을 무너진 삶으로 초대한다. 이 세상의 가장 힘든 문제들에 맞닥뜨려 흔들리지만 변화를 체험하는 인생. 우리가 흔히 두려워하는 인생. 희생하고 섬기는 인생. 고통 가운데 들어가 전혀 의외의 장소에서 만족을 발견하는 인생.

제프는 자신의 글쓰기 기술을 백분 활용하여 독자들에게 끊임없이 이야기를 들려준다. 그 과정에서 더 큰 이야기, 당신의 참여로 완성되는 이야기로 당신을 끌어들인다.

책을 읽기 전에 한 가지만 분명히 해두자. 당신에게 계획된 인생을 살기 위해서는 당신의 안전지대를 벗어나야 한다. 그러려면 힘든 결정과 용기가 필요할 것이다.

마음을 단단히 먹어라. 이제 엄청난 모험을 시작할 것이다. 용기 낼 준비가 되었는가?

마이클 하얏트

「뉴욕 타임스」 베스트셀러 『돈이 되는 플랫폼』의 저자
전 토마스 넬슨 출판사 회장

WRECKED

들어가는 글

얼마 전에 아내와 공연장을 찾았다. 우리 부부가 내슈빌에서 가장 좋아하는 공연장인 라이먼 오디토리움에서 시빌 워즈Civil Wars 밴드의 공연이 있었다. 결혼기념일에 어울리는 이벤트로 좋아하는 밴드의 공연만한 것이 있을까. 그런데 거기서 사회학과 인간의 망가진 상태에 대한 속성 강좌를 수강하게 될 줄은 몰랐다.

라이먼에서는 공연 때마다 그 지역 인쇄소에서 특별 포스터를 찍는데, 공연 당일에만 판매하는데도 대개는 매진된다. 우리는 지난 몇 해 동안 여러 공연을 보면서 이 포스터들을 빠짐없이 모았다. 하나하나 특별한 기억을 담은 포스터들이다. 그날 밤에도 우리는 이 포스터를 손에 넣을 생각에 무척 들떠 있었다. 더군다나 우리 부부의 결혼기념일이 박혀 있는 포스터가 아닌가. 그런데 문제가 생겼다. 내 바로 앞에서 포스터가 매진된 것이다.

'괜찮아. 앞사람한테 포스터를 사겠다고 하지 뭐.'

그 남자는 팔 생각이 없었다. 내가 의향을 물어본 나머지 25명도 마찬가지였다. 나는 사람들을 붙들고 같은 이야기를 반복했다. 오늘이 우리 결혼기념일이라고 운을 뗀 뒤, 약간 머리를 써서 사람들에게 포스터를 팔 의향이 **전혀** 없느냐고 물었다. 그렇게 24명을 거친 뒤에도 아무 소득이 없었다. 그런데 사람들이 내 요청을 거부할 때마다 매우 흥미로운 반응을 보였다. 대화는 매번 이런 식이었다.

나 | "안녕하세요. 혹시 그 포스터 파실 생각 없으세요?"

다른 사람들 | "아니요…." (사람들은 이렇게 대답하며 나를 미친 사람 보듯 했다.)

나 | "예, 잘 알겠습니다. 괜찮습니다. 오늘이 저희 결혼기념일이라서요."

이 대목에서 사람들의 눈이 휘둥그레진다. 포스터를 움켜쥐고 있던 상대방의 손이 잠시 느슨해지는가 싶더니, 내 심장이 뛰기 시작했다. 사람들은 안타까운 표정으로 나를 보면서 부드럽게 말했다. "아, 그것참 유감입니다." 그러면 나는 한껏 기대감에 부풀어 고개를 끄덕이고는 기다렸다. 어색한 침묵이 이어졌다. 상대방은 어떤 결정을 내려야 할지 고심하는 것 같았다. 내가 쳐다보면 상대방도 나를 빤히 쳐다봤다. 그러고는 잠시 주저하다가 손에 든 포스터를 흘끗 쳐다보고는, 내 시선을 회피한 채 이렇게 대답했다. "다른 사람들에게도 한번 물어보세요. 선생님께 도움을 줄 수 있는 사람이 있을 거예요."

그 한마디가 내 가슴을 찔렀다. 사람마다 표현은 조금씩 달랐지만, 하나같이 진심으로 내게 해주는 대답은 같았다. 솔직히 말해서, 그 사람들의 진심은 믿어 의심치 않았다. 하지만 번번이 거절 당할수록 희망은 사라져갔다. 다들 "도와줄 사람이 꼭 있을 거예요. 저는 아니지만요"라고 말하는 것 같았다. 우리네 인생이 그렇지 않은가? 우리는 늘 누군가가 도움을 주러 오리라고 믿지만, 그게 절대 우리는 아니다. 확실히, 영웅이 될 만한 품위를 지닌 사람이 있을 것이다. 하지만 현실은 그렇지가 않다. 모두들 다른 누군가가 나서서 옳은 일을 하기만 기다리고 있다면 말이다.

우리에게 포스터를 주지 않은 사람들을 나무랄 생각은 없다. 그건 그 사람들 권리니까. 오히려 나를 혼란스럽게 만든 건, 거절하기 전에 양심 때문에 고민하는 그들의 모습이었다. 거절 의사를 번개같이 밝힌 사람은 몇 되지 않았다. 대부분은 당황하며 머뭇거렸다. 진심으로 도와주고 싶지만 미안하다며, 포기하지 말라고 격려해주기까지 했다. 포스터를 정말 주고 싶지만 두려워하는 것 같았다. 나는 그 점이 불만스러워서 이렇게 말하고 싶었다. "물론, 도와줄 사람이 있죠. 바로 **당신**이요!" 하지만 입을 다물고 있었다. 다른 사람들에게 도움을 청했지만 번번이 거절당했다. 만나는 사람이 늘어날수록 절망은 깊어졌다.

공연이 끝나고 앙코르를 할 때가 되어서야 어느 젊은 여자가 포스터를 팔겠다고 나섰다. 믿기지가 않았다. 그 여자와는 중간 휴식 시간에 이야기를 나눴는데, 다른 사람들처럼 포스터를 포기하기 꺼리는 눈치였다. 하지만 우리에게 집에 돌아가기 전에 자기를 보고 가라고 했다. 마지막 노래가 끝나고 밴드가 환호하는 관객에게 감사 인사를 전하는 동안, 나는 그녀와 눈을 맞출 수 있을까 싶어 그쪽을 바라봤다. 그 여자가 이쪽을 보더니 미소를 지었다. 내가 눈썹을 치켜세우며 무언의 질문을 던지자, 여자는 고개를 끄덕였다. 꿈만 같았다. 거의 포기할 뻔했는데 말이다. 내가 포스터를 건네자 아내는 깜짝 놀랐다. 사실 아내는 포스터를 받으려 하지 않았다. 그 여자의 행동이 너무 너그럽고 의외였기 때문이다. 그래서 호의는 아름다운 법이다. 이 이야기는 인생이 바뀌는 놀라운 체험이 아니라 고작 포스터 한 장에 지나지 않는다. 하지만 그 당시에는 단순한 포스터 한 장으로 여겨지지 않았다. 어쩌면 정말로 단순한 포스터 한 장이 아니었을지도 모른다. 소름 끼치면서도 아름다운 인생사의 축소판이 아니었을까.

사실 나도 그날 밤 만난 24명의 사람들과 별다를 바가 없다. 포기하기 어려운 나만의 작은 보물들이 있다. 도저히 내려놓을 수 없는 안락함과 중독들이 있다. 내가 인정하고 싶은 것보다 훨씬 이기적이어서, 타인의 욕구와 필요보다 내 욕구와 필요를 앞세운다. 빠져나갈 구멍만 있으면, 책임을 미루려 한다. 옳은 일을 회피하고 내 유익을 챙긴다. 자신에게 솔직하다면, 우리 중 많은 사람이 그렇다. 생사가 달린 문제가 아니라 하더라도 자기 생존을 먼저 챙기는 것이 인간 본성이다. 어쩔 수 없다. 누군가가 용기를 내서 그 젊은 여자처럼 행동하기 전까지는 서로 식탁의 남은 음식을 먹겠다고 앞다투어 덤벼든다. 그 여자는 양심의 소리를 듣고 일어나서 옳은 일을 했다.

이 책은 용감한 선택을 이야기한다. 구걸하는 사람들을 돕고 외국에 가서 사는 평범한 사람들의 이야기다. "네 인생은 네 것이 아니라"고 고요하고 나지막하게 속삭이는 그 음성에 귀 기울이라고 말하는 책이다.

이 책은 당신 인생에서 일어날 가장 중요한 변화를 이야기한다. 나도 같은 변화를 겪었는데, 편안함과는 거리가 멀었다. 추하고 힘든 경험이었다. 내 권리와 기대를 포기하자 그토록 간절히 바라던 삶을 찾을 수 있었다. 이 삶은 기대와는 전혀 딴판이었다. 그런데도 나는 온 세상을 다 준다 해도 이 삶과 맞바꾸지 않을 것이다. 그럴 수 없다. 나는 전혀 다른 사람이 되었다. 과거의 나는 이제 없다. 이 모두가 나를 정의하고 계속해서 내 세계관을 형성해가는 그 선택 때문이다.

독자들이 이 책을 읽으면서 두 가지 결과를 체험할 수 있기를 바란다. 먼저, 당신이 안전지대에서 벗어나 이기심을 버리고 가치 있는 인생을 찾을 수 있도록 도와주었던 과거의 선택을 기억해내기를 바란다. 그 경험과 그때 느낀 짜릿함을 다시 만나기를 바란다. 그리고 날마다 더욱 그렇게 사는 방법을 배우기 바란다. 둘째로, 당신이 회피하거나 미루느라 아직 하지 못한 희생의 결단에 직면하기 바란다. 이 책의 이야기들이 당신에게 용기를 불어넣어 줄 수 있길 기대한다.

하지만 무엇보다도, "선생님께 도움을 줄 수 있는 사람이 있을 거예요"라고 말하는 사람이 되지 않기를 바란다. 많이 주고 적게 가지라고 속삭이는 내면의 음성에 반응하라. 모두가 미루는 '그 누군가'가 바로 당신이라는 사실을 깨닫기 바란다.

WRECKED

1장

당신은 무너져야 한다

Wrecked

"뭔가 빠진 게 있는데, 그게 뭔지 모르겠어요."
... 존 메이어John Mayer의 노래 Something's Missing 가사 ...

    세상의 모든 사람들은 무언가를 찾고 있다. 우리 각자는 인생에 의미를 부여해줄 무언가를, 우리가 하는 일에 목적을 부여해줄 무언가를 찾아 헤매고 있다. 우리는 이런 공허함, **뭔가가 더 있으리라는** 기대감에 익숙하다.

    우리는 의미 있는 이야기, 우리가 감당할 역할을 찾고 있다. 아무리 애를 써도, 우리가 하는 수많은 활동과 모험은 빙산의 일각도 건드리지 못하는 것 같다. 우리가 위대한 목적을 위해, 더 나은 세상을 만들기 의한 큰 뜻을 위해 만들어졌다는 것을 안다. 어쩌면 그것은 우리 인생이 전혀 쓸모없지 않고 가치와 의미가 있을지도 모른다는 깨달음만큼이나 단순할지도 모른다. 어느 경우든, 대다수의 사람들은 그것을 찾을 수 있다는 희망을 포기해버린다. 너무 요원해서 손에 잡히지 않는 것만 같다.

우리는, 우리 인생은 들어봄 직한 이야기요 우리가 그 가운데서 중요한 역할을 맡고 있다는 단순한 깨달음과 함께 인생을 시작한다. 아이들은 조건 없이 사랑하며 사는 것이 무슨 뜻인지, 그런 삶을 누린다는 것이 무슨 뜻인지 잘 안다. 아무도 아이들에게 그렇게 살라고 말하지 않아도 아이들의 삶은 거침없이 자유분방하다. 알려주지 않아도 아이들은 자신이 맡은 중대한 역할을 직감으로 잘 안다. 귀띔해주지 않아도 아이들은 모험을 꿈꾸고 용을 죽일 줄 안다. 대담한 항해를 떠나고 한가로이 인생을 즐길 줄 안다. 뒷마당에서 마냥 공상의 나래를 펼칠 줄 안다.

내 기억에는, 20년 전 할아버지 댁에서 보낸 어느 하루가 새겨져 있다. 그리 덥지 않은 여름날, 당시 일곱 살이던 나는 오래된 노란 집 앞마당에서 놀았다. 계단을 오르락내리락 뛰어다니기도 하고, 현관에 놓인 삐거덕거리는 녹슨 흰 그네를 타기도 했다. 오른손에는 상상 속의 칼을 대신하는 막대기를 들고 있었고, 주변에는 온갖 괴물과 도깨비와 악당들이 나를 둘러싸고 있었다. 전투가 한창인데, 난데없이 "뭐하는 거야?" 하는 소리가 들렸다. 나와 나이가 엇비슷한 이웃집 남자아이였다. 내가 대답을 하니, 무슨 소리를 하는지 모르겠다는 듯 이마를 찌푸린다. 그 아이는 외동이었고, 부모님은 현실적인 분이었다. 그 덕에, 어쩌면 그 아이는 유년기의 가장 큰 선물이라고 할 수 있는 것을 누리지 못하고 있었다. 그날 오후 내내 그 아이에게 노는 법을 가르쳐줬는데, 해질 무렵 그 아이는 도통 알아듣기 어려운 말을 건넸다. "너 상상력이 대단하구나." 난 한 번도 그렇게 생각해본 적이 없는데, 사실 그게 가장 중요한 점이다.

어렸을 때는 남이 굳이 설득하지 않아도 노는 데 아무 문제가 없었다. 인생이라는 거대한 모험에 뛰어드는 데 아무 문제가 없었다.

하지만 어른이 되면 이야기가 달라진다. 아이에서 어른이 되는 사이 어디쯤에서 길을 잃어버린다. 우리는 하찮은 것들에 집착하기 시작한다. 어떤 사람들은 돈을 좇고, 어떤 사람들은 섹스나 명성을 좇는다. 도덕주의라는 가혹한 악순환에 빠지는 사람들도 있다. 그런 사람들은 '착한 사람'이 되려고 끝없이 애쓴다. 대상이 무엇이든, 우리는 거기에 과도하게 집착한다. 손가락 사이로 교묘히 빠져 나가는 그 약속을 좇느라 인생을 허비한다. 그러고 나서 인생을 되돌아볼 때 도대체 무슨 일이 벌어졌고 왜 이렇게 공허함을 느끼는지 의아해한다. 어떤 사람은 스무 살에, 마흔 살에, 예순 살에도 이런 의문이 찾아온다. 공허함은 끝을 모른다.

우리는 이것이 어른들만의 문제임을 기억해야 한다. 아이들은 1년 내내 2주짜리 방학만 기다리지 않는다. 자기가 싫어하는 일을 하면서, 진짜로 하고 싶은 일을 할 수 있는 권리를 얻기까지 버티지도 않는다. 아이들은 최대한으로 인생을 즐긴다. 어쩌면 우리도 그런 순수함을 다시 회복해야 할지도 모르겠다.

뭔가를 놓쳤다. 그것도 아주 중요한 것을. 세상을 바꾸기 위해 반드시 필요한 것을. 그런데 대다수 사람들은 그게 뭔지 알아내기를 두려워한다. 우리가 이미 그 답을 **알고 있기** 때문이다. 우리는 그 비밀을 인정하기가 두렵다. 거기에 우리 인생을 걸어야 하기 때문이다.

무너진다는 것

몇 해 전부터, 선교사들이 자기 이야기를 할 수 있도록 돕는 일을 시작했다. '어드벤처 인 미션'Adventures in Missions이라는 기관에서 작가로 일하면서 선교사들에게 블로그 사용법을 가르치기 시작한 것이 계기였다. 나는 그 일이 이전에 하던 글쓰기 강사 업무와 비슷할 거라고 생각했다. 예전에는 매일 대학생들을 만나 글을 교정해주는 일을 했다. 학생들에게 기초 문법과 논문 작성법을 가르쳤다. 선교사들을 돕는 일도 비슷하지 않을까 생각했다. 하지만 이 일이 나를 어떻게 바꿔놓을지는 상상하지도 못했다. 이 일은 장보기에서부터 길을 걷는 것까지 내가 하는 모든 일에 막대한 영향을 미치게 되었다.

나는 이곳 선교사들의 이야기를 들으면서 모두가 같은 이야기를 하고 있다는 사실을 깨달았다. 선교지나 하는 일은 달라도 결과는 같았다. 대상이 아마존 원주민이든, 필라델피아 도심의 마약 거래상이든, 중앙아시아의 시한부 엄마들이든, 에이즈에 걸린 아프리카 아기들이든, 선교사들은 이구동성으로 이야기했다. 그곳이 어디든 그들은 말로 설명하기 어려운 고통이 있고, 절망 가운데 희망이 피어나며, 비극에도 불구하고 구원이 일어나는 곳에 있기를 원했다는 것이다. 사람들은 사역지를 떠날 때의 느낌을 내게 말해주었는데, 모두가 한결같이 흥미로운 한 단어를 사용했다. 그것은 바로 '무너졌다'는 말이었다.

망가졌다. 충격에서 헤어나지 못했다. 망했다. 그들의 인생은 완전히 달라졌고, 과거의 삶으로 돌아갈 길은 없었다. 패러다임이 바뀌었다. 그들의 삶 구석구석에 퍼진 전염병이 그들의 세계관마저 감염시켰다. 내게 "과거의 나로 돌아갈 수 없다"고 말한 사람이 한두 명이 아니었다.

내 친구 스티븐 프록터Stephen Proctor를 예로 들어보려 한다. 미디어와 비디오를 활용한 커뮤니케이션에 은사가 있었던 그는 음악계에서 경력을 쌓으려고 내슈빌로 거처를 옮겼다. 두어 해 전, 그에게 해외 선교여행 기회가 생겼다. 스티븐은 동업자인 네이트와 이제 막 뉴미디어 회사를 차린 터였기에, 선교여행은 얼토당토않은 일이었다. 새 고객을 확보하고 차근차근 사업을 키워가야 할

판에 선교여행이라니. 하지만 그는 떠나라는 부르심을 느꼈고, 기도하면서 몇몇 친구들과 대화하는 가운데 마음을 정했다.

스티븐은 5주간 파푸아뉴기니에서 지냈다. 첨단 기술도 없고, 바깥세상과 두절된 곳. 그와 원주민들 외에는 아무것도 없었다. 거기서 지내면서 그는 겸손해졌다. "삶이 참 단순했어요. 모든 것이 다 사라지니 속삭이시는 하나님의 음성이 내 귀에 더 크게 들리더군요."

스티븐은 집으로 돌아왔지만 여행의 기억은 계속 그를 따라다녔다. 그 여행은 길거리에서 만난 낯선 사람을 대하는 방식에서부터 사업하는 방식에 이르기까지 그의 삶 구석구석에 영향을 미쳤다. 그는 외국에 나갔다가 선교사로 변신한 경우는 아니었지만, 이 선교여행에 어떤 목적이 있음을 알게 되었다. 이제 남은 일은 그 목적을 찾는 것이었다. "나는 내 열정을 더 적극적으로 끌어안고 더 큰 목적으로 이끌고 싶었습니다." 스티븐과 네이트는 회사 이름을 "고마운 불편"Grateful Inconvenience이라고 정하고, 그 이름에 걸맞게 살아가고 있다.

현재 스티븐은 전 세계를 돌며 유명 연주가들의 미디어와 비디오를 제작하고 있다. 매년 몇 달씩 시간을 내서 중국이나 아프리카, 중동 지역을 찾는다. 일부러 낯선 곳을 찾아 세상 사람들의 필요에 마음을 여는 것은 이제 생활의 일부가 되었다. 그는 자기 삶을 '버림으로써' 오히려 찾았다. 맨 처음 떠났던 그 불편한 여행이 이 모든 일의 출발점이었다. 그는 먹고살 만한 사업가이지만, 시간을 떼어 봉사하기 위해 여전히 자기 훈련에 열심이다. 마음이 냉랭해지지 않도록 늘 주의한다. 과거에 그를 무너뜨린 사건이 계속해서 영향을 미치는 것은 그가 그렇게 되기를 선택했기 때문이다.

이런 인생에는 뭔가 중요한 것이 있다. 우리를 갈가리 찢어놓고 마음을 아프게 해서 우리의 목적을 이해하도록 도와주는 순간들. 우리를 불편하게 하는 순간들. 우리가 영원히 감사할 수밖에 없는 그런 순간들.

무너진 인생이라는 개념을 처음 접했을 때, 나는 비단 선교사들만 이렇게 느끼지 않는다는 사실에 무척 놀랐다. 다양한 부류의 사람들이 비슷한 감정을 호소했다. 공립학교에서 근무하는 대학원생들, 여름 캠프에서 일하는 친구들, 심지어 가난이라고는 눈곱만큼 겪어본 중산층들도 비슷한 이야기를 했다. 그래서 나는 더 많은 사람들에게 "당신을 무너뜨린 것은 무엇인가요?"라고 물어보기 시작했다. 그 결과는 의외였다. 사업가, 주부, 물리치료사 할 것 없이 모두가 같은 대답을 들려줬다. 그들은 더 나은 세상을 만들 수 있다는 가능성에 충격을 받았다. 자신들이 이미 목격한 것을 못 본 척할 수 없었다. 그들은 자신을 중심으로 돌아가는 생활방식이 아니라, 남을 위해 일부러 자리를 내주는 생활방식을 알게 되고, 좋아하게 되었다. 그들은 중독되었다. 그들의 이야기를 듣고 나서 나도 그렇게 되었다.

그것은 이 친구들과 낯선 사람들과 나에게 엄청난 깨달음이었다. 우리 모두는 아메리칸 드림이 허상에 불과함을 깨닫게 되었다. 영화 "파이트 클럽"*Fight Club*[1]의 타일러 더든처럼 우리는 물려받은 기존의 세계관을 해체하기 시작했다. 우리가 믿었던 거짓말들을 꿰뚫어보기 시작했다. 우리의 열정을 저당 잡혀야 할 마당에, 월급 때문에 그럭저럭 시들하게 사는 것이 정말로 괜찮단 말인가? 더 이상 확신이 서지 않았다.

이것이 내가 이야기하는 '무너졌다'는 말의 뜻이다. 무너짐은 현 상태에서 깨어나는 것이다.

무너짐은 단순한 말을 넘어서는 변화를 뜻한다. 전혀 다른 종류의 삶을 알게 되었다는 뜻이다. 바늘귀를 통과하라고 말씀하시는 선생의 발자취를 좇는다는 뜻이다. 고통을 만나면서 여기에 말려드는 경우가 많다. 그 과정은 끔찍하고 추하고 고통스럽기 이를 데 없지만, 동시에 아름답기도 하다. 무너짐은 현실적이며 힘들고 진실하다. 무엇보다도, 우리에게 꼭 필요하다.

아름다운 깨어짐

여러 해 전에 내가 글쓰기를 돕는 선교사들과 함께 멕시코 길가에 서 있었다. 그런데 이번에는 내가 이야기의 주인공이 되었다.

우리 일행은 라이언과 탈리아, 제니, 나 이렇게 네 사람이었다. 우리는 멕시코 최남단 치아파스에 머물고 있었는데, 닷새 동안이나 쉬지 않고 비가 내렸다. 일주일 가까이 방구석에만 처박혀 있으려니 온몸이 근질근질해서 뭔가 좋은 일을 해보자고 나선 참이었다. 선교여행이랍시고 왔는데 내세울 만한 성과가 있었는가? 하나도 없었다. 그래서 우리는 대부분의 사람들이 그렇듯, 이런저런 다양한 동기로 이야기를 찾아 나섰다.

길모퉁이를 도니 은행 앞에서 웬 여자가 구걸을 하고 있었다. 한 번 본 적이 있는 여자였다. 지난번에는 넷이 다 그 여자를 봤지만 못 본 척 무시하고 지나갔다. 정신 나간 거지에게 신경 쓸 여유가 없었다. 그런데 이번에는 달랐다. 마음이 편하지는 않았지만, 그 여자 앞으로 다가가 말을 건넸다.

우리 일행을 소개하고 나서 여자의 이름을 물었다. 여자는 잠시 생각하더니 이름이 기억나지 않는다고 했다. 이름 없는 이 여자는 말할 때 담요로 입을 가렸다. "부끄러워서"라고 했다. 여자는 멀쩡한 사람처럼 조리 있게 말하다가도 갑자기 앞뒤가 맞지 않는 엉뚱한 소리를 하곤 했다.

오른쪽 눈을 실명한 여자는 말하는 사람 쪽으로 고개를 돌리는 속도가 한 박자씩 늦었다. 우리가 대화를 나누는 동안, 라이언이 여자에게 줄 빵과 물을 가져왔다. 여자는 우리가 보는 앞에서는 음식을 먹으려 하지 않았다. 얼굴 통증 탓이라고 하기도 하고,

콧수염 때문이라고 말하기도 했다. 그녀의 이야기는 어디까지가 사실이고 어디까지가 상상인지 구별하기 어려웠다.

우리는 여자에게 음식을 건네고 나서 이름 모를 그녀를 위해 기도했다. 여자는 고맙다면서 이제 좀 안정이 된다고 말했다. 하지만 돌아서는 우리는 마음이 편치 않았다. 이름 없는 이 여자를 위해 기도하고 음식을 건넸지만 만족을 느끼지 못했다. 우리가 기대한 것은 이런 것이 아니었다. 우리가 보기에는 아무것도 달라진 것이 없었다. 이 이름 없는 여자의 배고픔과 아픔과 외로움은 그대로였다. 우리는 그런 그녀를 그냥 남겨두고 왔다.

탈리아가 특히 마음이 무거웠나 보다. 잠시 후에 울음을 터뜨렸다. "내가 너무 무기력하게 느껴져." 나머지 일행도 다 같은 심정이었다. 우리가 도울 수 있는 것, 고칠 수 있는 것은 아무것도 없다는 무기력감에 빠져 버렸다. 당혹스러운 일이었다. 하지만 좋은 일이라고 생각했다. 옳지는 않지만, 좋은 일임에는 틀림없었다. 당시에는 우리 마음이 변하기 시작했다는 사실을 알지 못했다. 그런데 옳은 일을 할 때는 그런 무기력을 느낄 때가 많다.

우리는 이런 엉망진창인 순간을 설명하고 이해하고 싶어 한다. 교회나 백화점이나 저녁 식사 자리에서, 우리는 친구들에게 씨앗이 뿌려졌다고 말할 것이다. 친구들은 고개를 주억거리며 아는 체를 한다. 좋은 일일지도 모르지 않느냐고 판에 박힌 말을 하겠지. 그것이 늘 나를 불안하게 했다. 마치 나의 무관심을 자화자

찬하는 심정이라고나 할까. 고통을 느끼지 못하게 하는 방법, 더 힘껏 애쓰지 못해서 불편한 심정을 애써 무디게 만드는 방법이다. 우리는 그런 순간들이 빨리 흘러가기만을 바랄 때가 너무 많다. 우리는 해결책을 바란다. 스스로를 해명하고 싶어 한다. 하지만 우리에게는 이런 경험들이 꼭 필요하다. 불의를 목격하고 마음이 무너지면 긍휼히 여기는 마음을 갖게 된다. 그래서 마음이 불편해지는 이런 껄끄러운 순간들을 그냥 흘려보낸다면, 우리는 자비를 배울 기회를 박탈하는 셈이다.

그날에는 이런 사실을 깨닫지 못했지만, 해결책이 없는 상황이 오히려 우리에게 선물이 되었다. 이름 없는 여자를 돕지 못한 채 돌아선 사건은 큰 통찰이었다. 이 세상은 깨어졌고, 우리가 아무리 도우려고 애써도 깨진 상태 그대로라는 것. 이 사실은 우리의 자기 의존성을 고쳐주기 때문에 어떤 면에서는 아름답다고 할 수 있다. 치유를 거부하는 세상에서 우리가 우리 이야기의 주인공이 아니라는 사실을 받아들여야 한다. 그 사실은 우리보다 더 큰 존재를 의지해야 한다는 진정한 긍휼의 근원을 가르쳐준다.

인생의 목적을 여는 열쇠

이 세상에서 당신의 정체성과 위치를 찾는 과정은 일곱 단계 프로그램 같은 것이 아니다. 깔끔하게 짜인 태피스트리와는 거리가 멀다. 쉽지도, 간단하지도, 딱 떨어지지도 않는다. 오히려 스웨터의 털실이 한 올 한 올 풀리는 느낌이다. 당신은 무너진다. 당신이 주도적으로 하려고 해서가 아니라, 그냥 당신에게 벌어지는 일이다. 당신은 그 상황을 통제할 수 없다.

무너짐은 당신을 안락함과 자기중심성에서 끄집어내는 체험에서부터 시작된다. 당신이 원하든 원하지 않든 간에 말이다. 더 크고 더 좋은 무언가에 비추어보면, 당신의 오랜 자아도취적 꿈은 빛이 바래기 시작한다. 그 과정에서 '현실 세계'와 당신의 이상이 수차례 충돌하게 되고, 당신은 큰 충격을 받고 망가진다. 그 전쟁 끝에 살아남은 것은 새로운 패러다임이다. 그 과정은 힘들지만 좋은 것이다. 믿기 어렵고 지우기 어려운 경험이다. 거칠지만, 목숨 걸고 싸울 만한 것은 모두 거친 법 아닌가. 무너진다는 것은 당신이 믿는 모든 것, 즉 당신이 스스로에 대해, 당신의 세상에 대해, 당신의 운명에 대해 아는 모든 것이 불확실해진다는 뜻이다. 더 큰 것을 보았기 때문이다. 이전으로 돌아갈 길은 없다. 처음에는 그 과정이 혼란스럽기만 하다. 그런 경험이 당신에게 가장 큰 부분, 당신이 두려워할지도 모르는 부분을 불러내기 때문이다. 당신의 용기, 당신이라는 존재의 내구성을 시험한다. 그러니 우리가 갈등을 피하려고 하는 것도 당연하다. 갈등은 우리가 가장 두려워하는 것, 즉 우리 자신에 의문을 제기한다. 그래서 결국엔 당신은 과거의 당신이 아니다. 당신은 변한다. 달라진다. 당신의 과거는 새로운 우선순위에 비추어보면 점점 더 의미가 없어진다. 과거에 중요했던 모든 것이 이제는 별것 아닌 것처럼 느껴진다. 과거의 생활방식을 되찾으려 애쓰는 것은 무의미하다. 혼란스럽고 힘들겠지만 그만큼 좋은 것이다.

내 친구 지미도 그런 감정을 느꼈다. 캐나다 온타리오 출신인 그는 훌륭한 네덜란드 개혁주의 집안에서 자라면서, 무슨 일에든 충분한 신학적 설명을 들을 수 있었다. 철학적 딜레마에 빠질 때면 교회가 금세 문제를 해결해 주곤 했다.

하지만 지미는 만족스럽지 않았다. 그가 바란 것은 완벽한 답이 아니었다. 그는 진리를 체험하기 원했다.

작년에 지미는 라틴 아메리카에서 6개월간 지냈다. 그때는 자신이 교회나 하나님에 대해 도대체 무엇을 믿고 있는지 확신이 서지 않았다. 아는 것이라고는 삶이 지루해졌다는 사실뿐이었다. 고상한 중산층 가정에서 성장했지만, 그의 인생에는 뭔가가 빠져 있었다. 남반구에 가면 그것을 찾을 수 있다고 생각한 것은 아니었지만, 어쩌면 떠나는 데서, 무너지는 데서 무언가를 발견할 수도 있으리라 기대했다. 어쩌면 마음이 완전히 무너져서 사물을 똑똑히 보고 뭔가를 정말로 느낄 수도 있지 않을까?

지난주에 지미와 이야기를 나누었다. 친구들은 다들 집을 사고 아이를 낳는 시기에 왜 그는 안정된 생활을 거부하는지 이유가 궁금했다. 그의 대답은 간단했다. 그는 자신이 아직 끝나지 않앉음을 기억하기 위해 여행을 한다고 했다. 이리저리 옮겨 다니는 불확실한 생활은 그에게 인생은 변덕스럽고 정말로 중요한 것이 무엇인지를 기억하게 해준다고 한다.

나는 페루에 있는 그와 스카이프로 통화했다. "여행을 할 때면 내 문제들은 세상이라는 배경으로 슬며시 사라져 버려요. 직업이나 관계 등 내가 사는 곳에서 쌓아온 모든 것이 어떤 배경이 되어버리면, 내가 겪는 어려움의 의미를 이해하고 어떻게 하면 거기에 더 잘 대처할 수 있는지 깨닫는 데 도움이 됩니다. 여행을 통해 내가 좋아하는 것이 무엇인지, 내 진짜 친구들과 가족들은 누구인지, 진정한 내 집은 어디인지 깨닫습니다. 불확실하고 흔들리는 이 세상에서 닻이 꼭 필요하다는 사실을 분명히 깨닫게 해주죠." 지미는 익숙한 곳을 떠남으로써 한 곳에 머무는 것의 중요성을 깨닫는 듯하다.

살고 싶어 죽겠어

내 주변에 면도칼이나 가위로 손목을 그은 사람들이 있다. 이런 자해가 젊은이들 사이에 점점 늘어나는 추세는 안타까운 일이다. 그런데 여기서 우리가 배워야 할 중요한 교훈이 있다. 나는 사람들이 자해하는 이유가 자살 충동을 느끼기 때문에, 죽고 싶어서라고 늘 생각했다. 그런데 사실은 정반대다. 내가 아는 사람들은 대부분 죽고 싶어서가 아니라 살고 싶어서 자살을 시도했다. 안락한 세계가 서서히 주변을 휘감으면, 그들은 만사를 흐릿하고 혼란스럽게 만드는 지루한 일상에 취한다. 그들은 자신이 살아 있음을 느낄 수 있는 유일한 길은 자해뿐이라고 생각한다.

완전히 오도된 생각이지만, 이들이 고통과 인생을 이해하는 이런 방식에는 일말의 진리도 숨어 있다. 원래 인간이 살아야 하는 삶을 다시 붙잡고 씨름하는 것은 아플 것이다. 불편할 것이다. 타인이라는 부담을 짊어져야 하고, 자기가 가야 할 곳으로 갈 수 없는 사람들을 데려가야 할 것이다. 자기 자신뿐 아니라 남을 위해 고통당하고 견디고 참아내야 할 것이다. 그러려면 괴로움이 따를 것이다.

우리는 거짓말을 믿었다. 인생은 내 것이라고 들었다. 열심히 일해서 저축하고 필요한 물건을 사면, 영원히 행복할 줄로만 알았다. 많은 사람들이 그렇게 살아왔지만 전혀 행복하지 않았다. 내 친구 지미처럼, 이제 우리는 무엇을 믿어야 할지 모르는 상태가 되어버렸다. 뭔가 빠진 건 알겠는데, 뭐가 빠져버렸는지 도통 모르겠다.

문화는 우리에게 감질나게 단서를 제공한다. 우리는 절반의 진리와 거짓 희망을 통해 더 깊은 실재를 슬쩍 엿본다. 영화와 음악은 그 과정에서 모호한 단서를 여럿 제공하지만 확실한 것은 하나도 없다. 그래서 우리의 갈망은 깊어져만 간다. 어쩌다 한번씩 만족스러운 것을 살짝 보기도 하지만, 그게 전부다. 언뜻 스쳐 지나가며 보는 것. 한 순간 나타났다 금세 사라져 버린다. 그러는 사이 우리의 굶주림과 불안은 깊어만 간다.

이것은 과장이 아니다. 실제로 우리는 굶어 죽어가고 있다. 그런데 우리를 살릴 수 있는 유일한 음식은 우리가 삼키고 싶지 않은 쓴 약뿐이다.

선행을 하면서 기분이 나빠질 때

나는 말에 재능이 있다. 초등학교 6학년 때 맞춤법 대회에서 '묵인'acquiescence이라는 단어로 1등을 했다. 그 후로 늘 언어에 매료되었다. 그러니 다음과 같이 장황한 이야기를 늘어놓아도 너그러이 이해해주길.

'긍휼'compassion이란 단어는 쪼개보면 무척이나 흥미롭다. 우리는 이 단어를 남에게 느끼는 감정인 동정이라는 개념과 같은 봉사나 자선 활동이라는 특별한 행동으로 격하시키는 경향이 있다. 하지만 근본적으로 긍휼은 '함께 고통을 받는다'라는 뜻이다.

나는 라틴어를 전공하지는 않았지만, '컴'com이라는 접두사는 '함께'라는 뜻이고, '패션'passion은 '고통'을 뜻한다는 것은 안다(영화 "패션 오브 크라이스트"*The Passion of the Christ*에서도 그런 의미로 쓰인다. 멜 깁슨 덕분에 그 사실을 알게 되어 고맙게 생각한다). 두 단어를 한데 모으면 전혀 다른 뜻을 내포하게 된다. 긍휼은 그저 누군가를 불쌍히 여기는 것 이상을 의미한다. 우리가 진정 긍휼히 여기는 삶을 산다면 기꺼이 고통을 감수해야 하지 않겠는가? 이것이 바로 우리가 우리 길을 찾으려고 애쓰는 이유다. 우리는 고통으로 가득한 세상에서 살지만, 직접 고통을 겪는 사람은 드물다. 우리는 고통을 스쳐 지나갈 뿐이어서 고통의 흔적이 남지 않는다. 마음이 꿈쩍도 하지 않으니, 아무 행동도 하지 않고 가만히 있는 것이 당연하다. 우리는 온갖 뉴스와 슬픈 사연들에 마비되어버렸다. 도대체 어디서부터 시작해야 하는가? 우리가 감당하기엔 너무 큰 문제인 것만 같다.

몇 해 전 겨울, 나는 친구 폴과 담요를 모아 내슈빌 도심의 노숙자들에게 나누어 주었다. 다른 친구에게도 도움을 청했는데 그는 우리를 비웃었다. "이런 일 하면 너희 기분이 좋아지니까 하는 거지?" 마음이 괴로웠다. 그 말은 사실이 아니었지만, 왠지 쉽게 떨쳐버릴 수 없었다.

다음 날, 폴과 나는 시내로 나갔다. 담요와 옷가지를 나눠주면서 내 마음이 어떤지 머릿속으로 정리해보았다. 처음에는 기분이 좋았다. 11월의 추운 날씨라 사람들이 담요를 고맙게 생각했다. 하지만 일을 마치고 떠날 때는 기분이 좋지 않았다. 작은 모닥불 주위에 옹기종기 모여 있는 사람들을 힐끗 돌아보니 마음이 무거워졌다. 사람들은 스무 살에서 쉰 살까지 다양했는데, 겨울인데도 얇은 옷만 걸치고 추위에 떨고 있었다. 나는 따뜻한 옷가지 몇 장 나눠주는 것보다 더 많은 일을 하고 싶었다. 우리가 한 일은 그들을 도와주기에는 턱없이 부족했다.

바로 그때, '이게 긍휼의 시작이구나' 하는 생각이 들었다. 기분이 좋아지지 않고 오히려 나빠진다. 당신이 할 수 있는 일은 얼마든지 더 있기 때문이다. 더 줄 수 있고, 다른 필요를 더 채울 수 있다. 세상의 빈곤과 필요를 볼 때마다 마음이 무너지지 않는다면, 당신은 뭔가 잘못하고 있는 것이다.

현실은 이렇다. 이런 일을 해본 사람이라면, 세상의 필요와 고통을 만날 때 기분이 좋지 않다고 말할 것이다. 긍휼은 너저분하다. 마음이 **아프다**. 이런 말을 하는 사람은 아무도 없다. 옥외 광고판이나 연말연시에 볼 수 있는 빨간 구세군 냄비에는 이런 말이 없다. 하지만 그 말이 맞다. 선행을 하면 기분이 나쁘다. 이렇게밖에는 달리 표현할 방법이 없다. 선행을 하면 기분이 좋아질 거라고 생각해서 궁핍한 사람들을 돕는 일에 동참하고 싶다면, 다른 길을 찾아보는 편이 낫겠다. 기분 좋은 느낌 따위는 절대 없을 테니.

의미를 찾을 수 있는 진정한 길은 지저분하고 거친 자갈밭이다. 그 길에는 깨진 유리와 담배꽁초가 가득하다. 길고 험난한 그 길은 당신의 기대와는 거리가 멀다. 우리가 좋아할 만한 길이 아니다. 하지만 그 길 외에는 길이 없다. 예수님은 그 길을 '좁은 길'

이라고 말씀하셨다. 존 번연John Bunyan은 그 길을 천국에 들어가기 위한 치열한 투쟁으로 묘사했다.² 에밀리 디킨슨Emily Dickinson은 이런 시를 쓰기도 했다. "성공은 성공해보지 못한 이에게만 / 가장 달콤하게 여겨지는 법 / 꿀맛도 옳게 알려면 / 가장 심한 갈증을 겪어야 한다."³ 가장 심한 갈증이라니. 아이고. 다른 나라들과 비교할 때 상대적으로 부유한 우리가 세상을 바꾸려 한다면, 자신의 가난을 직면해야 한다. 우리 마음이 깨어져야만 다시 한 번 만물을 회복할 수 있다. 뭔가를 세우려면 먼저 부서뜨려야 한다. 그 이외의 것은 긍휼이라고 할 수 없다. 돈을 모금하거나 이웃에게 좋은 인상을 줄 수 있을지는 몰라도, 만족과는 거리가 멀다.

집으로 가는 길

다른 길이 있다면 알려줬을 것이다. 나도 고통이 싫다. 돌아갈 수만 있다면 그 구간은 피하고 싶다. 하지만 사랑이란 그런 것이다. 우리도 그 사실을 잘 안다. 그룹 나자레스Nazareth는 요즘에도 가끔 멜로드라마에 등장하는 한 노래에서 "사랑은 아프다"고 노래했다.⁴ 수년 후에 인큐버스Incubus가 발표한 곡의 노랫말은 이렇게 이어진다. "그렇지만 가끔은 좋은 아픔이지. 사랑 때문에 내가 살아 있는 것처럼 느껴."⁵

이 고통, 이 불편함이 우리의 갈망에 대한 해답이요 열쇠다.

물론 이것은 고통 자체를 즐기는 것과는 거리가 멀다. 마조히즘이 아니라, 모든 것을 새롭게 하는 구속이다. 만물이 새로워지는 것처럼 우리도 다시 태어난다. 우리는 우리가 스스로를 섬기기로 작정했을 때 온 우주와 함께 망가졌던 그 출발점으로 되돌아간다. 한때는 아름다웠지만 이제는 가시덤불과 엉겅퀴뿐인 동산으로 되돌아간다. 우리는 자비를 호소한다. 이제 더 이상 걱정할 필요가 없다. 그 동산에는 우리를 대신해 간구하며 피땀을 흘린 나사렛 사람이 있기 때문이다.

우리와 함께 고난받고 우리 위해 피 흘리신 예수님을 따르려 한다면, 우리도 고난받아야 마땅하다. 죽어가는 사람을 우리 품에 안아야 한다. 굶주린 사람들과 인신매매를 당한 아이들, 방황하는 영혼들을 위해 눈물을 흘려야 한다. 이것이 그분이 우리에게 바라시는 것이다. 이것이 우리가 그물을 내려놓고 십자가를 지고 고난받는 종을 따르라고 부름 받은 이유다. 그런데 우리는 무슨 수를 써서라도 그것을 피하고 싶어 한다.

기분 나빠하는 것만으로는 부족하다. 내게 종교란, 해야 하지만 하지 않은 일들 때문에 반복해서 죄책감을 느끼는 것이었다. 행동해야 한다. 행동할 때 진정한 인생이 시작되고, 우리 이야기에 참여하게 된다. 행동할 때 우리는 깨어나게 된다. 사이드라인에 서 있거나 밖에서 들여다보지만 마라. 이 모든 혼란과 뒤죽박죽 한가운데 진짜 인생이 있다. 자비와 기적도 거기에 있다. 그곳에서 다시 꽃들이 피어나기 시작한다.

거대한 질문들

나는 고등학생, 대학생, 청년들과 함께 일할 때가 많다. 그들은 다음 두 가지 중요한 진리를 잘 이해하고 있다. 1) "내 인생에는 목적이 있다." 2) "인생은 뒤죽박죽이다." 그들이 이 세상에 온 특별한 목적이 있다는 것이나 인생에는 좋은 직장이나 고액 연봉 이상의 의미가 있다는 것을 굳이 그들에게 설득할 필요는 없다. 이미 다 알고 있다. 하지만 그런 사실에서부터 어디로 가야 할지는 미스터리다.

"어떻게 살아야 하는가?"라는 질문에 손쉬운 답을 주려 한다면, 젊은이들은 그 답을 거부할 것이다. 그것이 사실이더라도 말이다. 젊은이들은 이미 온갖 뉴스와 블로그와 직접 경험을 통해 이 세상이 엉망진창이라는 것을 잘 알고 있다. 굳이 그 사실을 설득할 필요는 없다. 그들에게 필요한 것은 제대로 된 안내다. 모든 사람을 성가시게 따라다니는 질문들이 있는데, 이 세대는 가장 중요한 그 질문들을 익히 알고 있다. "내 인생의 목적은 무엇인가?" "모든 것을 아우르는 가장 중요한 이야기가 과연 있기는 한가?" "내가 감당해야 할 중요한 역할이 있는가?"

하지만 우리가 스스로에게 던져야 할 질문이 또 있다. "내 인생의 목적이 나에 대한 것이 아니라면 어찌할 것인가? 그 목적을 위해 내 꿈과 야망과 안락을 포기할 각오가 되어 있는가?" 당신은 기꺼이 그 대가를 치르겠는가? 이것은 모든 사람이 찾아 헤매면서도 막상 찾을까 봐 두려워하는, 엄청난 가치를 지닌 진주요, 풍성한 삶이다. 『내 인생, 어떻게 살 것인가』(*What Should I Do with My Life?*, 물푸레 역간)의 저자 포 브론슨Po Bronson은 그 점을 이렇게 자세히 설명한다.

> 우리 모두는 자기 인생 이야기를 쓰고 있다. 우리 인생이 '무엇인지', 인생의 테마에는 어떤 것들이 있으며, 그중 어떤 테마가 대두되고 있는지 알고 싶어 한다. 우리 인생이 더 깊어지고 풍성해지고 무게감 있기를 바란다. 우리가 어디로 가고 있는지 알기 원한다. 결말을 미리 알아서 재미가 반감되기를 바라진 않지만, 그때가 다가올 때 얄팍한 결말이 아니었으면 하고 바라는 것이다. 그때까지는 뭔가를 이루어놓았길 기대한다. 이 땅의 시간을 낭비하지 않았길 바란다.[6]

우리는 우리 인생이 의미 있기를 바란다. 부모님과 자식들이 우리를 자랑스러워하기를 바란다. 하나님이 이 땅에서 어떻게 살았냐고 물으실 때 그분 앞에 자신 있게 설 수 있기를 바란다. 그렇게 되기가 생각보다 복잡할지도 모르겠다. 뭔가가 태어나려면 다른 뭔가는 죽어야만 하는지도 모르겠다. '다시 살아나는 것'이 먼

지구덩이 속에 끌려가는 것처럼 느껴질지도 모른다. 어쩌면 당신과 나는 평생 은혜의 줄기에 매달려 살고 있기에, 우리가 받은 기회 때문에 거만해지지 않고 오히려 겸손해져야 하는지도 모른다. 어쩌면 우리는 선행을 나눠야 하는지도 모른다. 어쩌면 '이것이 내게 무슨 이익이 될까?'를 지금보다 훨씬 덜 생각해야 하는지도 모른다. 더 많이 희생해야 할지도 모른다. 어쩌면 이런 것들은 희생이라기보다는 무뎌진 감각이 되살아나는 느낌 같을지도 모르겠다.

친구들이여, 때가 됐다. 이제는 돌아갈 시간이다. 밖으로 나와 우리의 바람보다 더 많은 위험을 무릅쓸 시간이다. 우리의 상상을 초월하는 큰 꿈을 꿀 시간이다. 우는 사람과 함께 울고, 재투성이인 곳에 아름다움을 전하고, 온 세상에 새로운 시대를 선포할 시간이다. 이것은 단순한 이타심이나 동정이 아니다. 부채 탕감이나 떠들썩한 선전에 그치지 않는다. 원래 우리가 살아야 할 인생, 온 세상이 우리에게 바라는 인생, 하지만 막상 우리가 두려워하는 인생을 살려고 애쓰는 것이다.

이게 최선인가

내가 좋아하는 영화 잭 니콜슨Jack Nicholson의 "이보다 더 좋을 순 없다"As Good As it Gets에서 주인공이 던지는 대사다. 정말? 이게 최선이야? 그렇게 열심히 일하고 훈련했는데, 돌아온 건 고작 이것뿐이라고? 70-80년간 근근이 살아가며 마련한 괜찮은 집 한 칸과 말벗을 대신한 강아지, 이게 다란 말인가? 삶과 사랑과 상실은? 손자들에게 들려줄 드라마와 이야기는? 사람들은 하나같이 이런 질문을 던지고 있다. 그런데 우리 영혼이 부드럽게 속삭인다. "아니. 이게 다가 아니야."

모든 사람은 우리 앞에 나타나 우리를 산산이 무너뜨릴 그 순간을 찾아 헤매며 간절히 기다리고 있다. 운이 좋다면 이생에서 우리가 알던 세계가 뒤집어지고 우리가 품은 기대가 산산이 조각나고 우리 이야기는 완전히 달라질 것이다. 운이 좋다면. 그 계기는 비극일 수도 있고 대성공일 수도 있지만, 어느 쪽이든 틀림없이 우리의 세계관을 공격할 것이다.

모두가 그 일에 나서지는 않을 것이다. 하지만 당신은 할 수 있다.

그렇게 무너진 사람은 다른 길이 없다는 걸 안다. 당신은 사차원 세계를 목격하고, 새로운 현실과 충돌했다. 이전의 당신으로 돌아갈 길은 없다. 하지만 선택권이 있다. 그 자리에 진을 치고 과거의 기억이나 모험의 느낌을 되살리려 애쓸 수 있다. 그게 아니라면, 앞으로 나아갈 수도 있다. 미지의 세계로 발을 내딛는 것이다.

WRECKED

◆ 2장 ◆

진정한 나를 발견하려면

Wrecked

"나는 누구인가? 걱정하지 마라. 아무도 모른다."
... 크리스 브로건 Chris Brogan ...

자기가 누군지 모르는 사람들이 태반이다. 진부한 말 같지만, 사실이 그렇다. 물론 사람들은 인정하지 않으려 할 것이다. 당신도 그럴 테고, 나도 그랬다. 그러나 아무리 부인한다고 해도, 많은 사람이 정체성의 위기로 괴로워한다는 현실에는 변함이 없다. 사람들은 인생에서 의미를 찾으려고 고군분투하고 있다. 무의미와 평범함의 세계에서 길을 잃고 헤매고 있다.

인정할 건 인정하자. 남들 이야기가 아니라 바로 우리 이야기다. 우리는 이런 공허함을 느끼기에, 그 빈 곳을 실적으로 채우려 한다. 밤늦게까지 사무실에서 야근하고, 교회 프로그램에 과도히 헌신하며, 눈 뜨고 있는 시간 내내 인터넷을 들여다본다. 자기계발서를 읽고, 여러 가지 활동으로 과잉보상을 하려 한다. 지역 모임이나 성경 공부에 참석하고, 일일이 다 헤아리기도 어려운 잡지들을 구독해놓고 정작 읽지는 않는다. 로맨스 소설이나 포르노 영화, 어쩌면 둘 다와 사랑에 빠진다. 성공한 인생을 간절히 바라고 그렇게 살기 위해 몸부림친다. 가질 수 없는 것을 갈망하면서 그것을 얻을 방법은 없다고 절망한다. 그 과정에서 우리는 지쳐버리고 냉소적으로 변한다.

왜 이것이 의외의 결과인가? 우리는 엉뚱한 곳, 사람들이 우리에게 바라보라고 하는 곳에서 의미를 찾아 헤매고 있다. 하지만 결국에는 피로와 실망감만 떠안게 된다. 그러면서 하나님이 약속하신 이 풍성한 삶을 찾을 수는 있을지 궁금해진다.

우리는 길을 잃어버렸다. 혼란의 바다를 헤매는 우리는 조금이라도 안정적인 게 있다면 붙잡으려 한다. 고통을 누그러뜨려 줄 쾌락과 일시적 만족을 찾아다닌다. 우리의 배를 신으로 삼는다면, 종착역은 파괴밖에 더 되겠는가?[7] 이것이 바로 요즘 젊은이들이 오랜만에(어쩌면 사상) 최고 수준의 동거율을 유지하는 이유가 아닐까 싶다. 공동체와 관계의 필요성은 잘 알지만, 아이러니하게도 그런 데 헌신할 마음은 없다. 우리는 영화 "본 아이덴티티"*The Bourne Identity*의 주인공 제이슨 본 같다. 강도 높은 훈련으로 대단한 실력을 갖췄지만, 정작 우리가 누구인지 알지 못한다. 제이슨 본이 자기 입으로 자기 상황을 이야기하는 대목을 보라.

> 나는 밖에 주차된 자동차 여섯 대의 번호판을 외웠어요. 웨이트리스가 왼손잡이라는 것도, 카운터에 앉아 있는 사내의 몸무게가 97.5킬로그램이라는 것도, 그 사내를 어떻게 처치해야 할지도 알 수 있죠. 저기 택시나 회색 트럭 안에 총이 숨겨져 있다는 것도 알아요. 또 이런 고도에선 800미터 정도는 끄떡없이 달릴 수 있다는 것도 알아요. 대체 내가 어떻게 이런 걸 아는 거죠? 나는 나 자신도 모르는데 어떻게 이런 걸 알고 있는 거죠?[8]

그 심정 이해가 가는가? 아마도 여기에는 우리가 알지 못하는 뭔가가 더 작용하고 있는지도 모르겠다. 이 정체성 질문에는 우리가 기꺼이 인정하려 하는 수준을 넘어서는 뭔가가 있는지도 모르겠다.

얼마 전에 동네 서점에서 '자기계발서' 서가를 훑어보다가 깨닫고 놀란 사실이 있다. 뭔가 크게 잘못되었다는 것이다. (책 제목으로 판단해보건대) 이 책들은 하나같이 그럴싸하지만 잘못된 한 가지 가정에 근거하고 있었다. 인생은 편해야 한다는 것이다.

모든 사람은 목적과 소명을 찾고 있다. 우리 인생에 의미를 부여해줄 대의명분 같은 것 말이다. 그런데 우리는 엉뚱한 곳에서 그것을 찾고 있다. 쾌락과 고통 없는 삶이 가장 행복하다고 생각하기 때문에 그런 것들을 좇고 있다. 하지만 우리는 그런 데서 행복을 느끼지 않는다.

내 인생에서 가장 충만했던 순간들을 돌이켜보면, 불편했던 때가 많다. 어떤 식으로든 한계에 다다르거나 시험을 받고 있었다. 그런 불편함을 겪으면서 나는 성장했다. 몸과 맘이 편할 때가 아니라 살아 있음을 충만히 느낄 때 인생은 큰 발전이 있다. 서가에 꽉 찬 자기계발서들이 놓치고 있는 한 가지 요소는 바로 고통이다.

"자기 자신을 찾으라"나 "당신의 목적을 발견하라" 같은 문구들은 너무 진부해져서 사람들은 더 이상 이런 말을 진지하게 생각하지 않는다. 이런 문구들을 보면 머리카락 한 올도 흔들리지 않는 텔레비전 전도사들이나 영업자들이 떠오른다. 페인트바이넘버(paint-by-number : 본대로 번호 따라 색칠하면 완성되는 일종의 색칠공부 도구-역주) 그림처럼 인공미 넘치는 얼굴을 한 여자들도 떠오른다. 그런 문구들을 보면 나도 모르는 사이 경계심을 발동하게 된다. 이 사람들과 문구들은 의도는 좋을지 몰라도, 우리가 아는 인생을 묘사하기에는 턱없이 부족하다.

포스트모던 시대를 사는 사람들에게는 '성인식', '통과의례', '순례' 같은 말들이 오히려 진정으로 와 닿는다. 하지만 우리의 순례는 도대체 무엇인가? 우리에게는 큰 전쟁도, 대하드라마 같은 투쟁도, 우리 안에서 최고를 이끌어낼 대의명분도 없다.

그러니 그 대신 뭘 해야 하겠는가? 논다. 게임을 즐기는 인구의 평균 연령이 32세라는 사실을 알고 있었는가?[9] 나는 오락이나 게임이 근본적으로 잘못되었다고 생각하지는 않지만, 이 수치는 이 시대에 대해 분명히 말해주는 바가 있다. 그렇지 않은가? 가족을 꾸리고 문화를 창조하는 대신, 우리는 거실 텔레비전에 들러붙어 가상의 인생을 살고 있다. 우리는 현실 도피주의자요 겁쟁이요 도둑들이다. 훌륭한 인생을 사는 이들의 식탁에서 떨어지는 부스러기나 가끔 주워 먹으면서 숨어 산다. 우리 코앞에 대고 외치는 진실은 회피하고 있다. "이게 다가 아니야. 넌 이보다 더 나은 존재라고." 우리는 바쁘다는 핑계로 진실을 마비시킨다. 더 열심히 움직이면 이런 공허감 따위는 금세 사라질 거라 믿는다. 그러면 일다운 일은 하지 않아도 될 테니까.

성인식과 정체성

자신이 누구인지 깨닫고 이 세상에서 자기 역할을 알고 싶다는 열망은 확실히 현대에 와서 생긴 현상이다. 고대 문화와 산업혁명 이전의 여러 사회에서는 아이가 어른이 되는 공식적인 방법이 있었다. 대부분의 통과의례에서 성인으로 입문하는 방법은 무엇인가? 고통이다. 뜨거운 석탄 위를 걷거나 동물을 죽이거나 아이를 출산하는 것. 이런 행동들이 유혈이 낭자하고 기괴할지는 모르겠지만, 이를 통해 우리는 아이에서 어른이 된다. 그러니 그 어느 것도 가볍게 여겨서는 안 된다.

현대 사회의 정체성 탐색은 희한한 여행이다. 역사상 처음으로, 우리는 최소한 잠깐이라도 그것을 완전히 피할 수 있게 되었다. 『반지의 제왕』(Lord of the Rings, 씨앗을뿌리는사람 역간)의 프로도처럼, 우리는 무슨 일이 벌어질지 알지 못한 채 집을 나선다. 빌보 삼촌은 프로도에게 말했다. "문을 나선다는 건 위험한 일이야. 길에 발을 내딛는 순간 조심하지 않으면 어디로 휩쓸려 갈지 모르는 거야."[10] 우리는 우리가 변하리라는 사실 외에는, 앞으로 어떻게 될지 알지 못한다. 우리는 성장하고 변화될 것이다. 물론 그 길은 쉽지 않을 것이다.

우리가 시도하는 이 여행에는 고통이 따를 것이다. 하나님이 허락하시면, 긍휼도 있을 것이다. 자신이 어떤 사람인지 더 깊이 깨달을 것이다. 자신의 필요와 욕구 대신 남의 필요와 욕구를 볼 줄 아는 법을 배울 때 그렇게 될 것이다. 그러면 언젠가는, 어떻게 이와 다른 삶의 방식이 가능하다고 생각할 수 있었는지 의아해하는 자신의 모습을 발견할 것이다.

계기가 필요하다

우리는 날마다 의미를 찾아 헤맨다. 백화점을 오가는 사람들의 눈에서, 사놓고 한 번도 사용하지 않은 물건들에서, 책장을 가득 채운 책들에서, 잔뜩 기대하고 샀지만 절대 우리 바람대로 외모를 꾸며주지 못하는 옷가지들에서 우리는 그런 모습을 볼 수 있다. 하지만 이 세상의 필요들을 마주할 때 우리는 그칠 줄 모르는 소비 욕구를 뛰어넘는 뭔가에 동참할 수 있다는 사실을 깨닫는다. 자아 추구를 극복하면 모든 게 달라진다. 그 결과가, 무너지는 느낌이다.

무너짐에는 어떤 계기가 필요하다.

모든 사람의 이야기에는 자신의 모든 우선순위와 관심사가 달라지는 순간이 있다. 우리의 정체성이 변하기 시작한다. 현실과 당위의 차이를 감지한다. 사람들이 무너진 경험을 대신 이야기하기 시작하면서 내가 발견한 가장 놀라운 사실이 이것이었다. 처음에는 해외 선교사들에게만 초점을 맞추었지만, 인터넷과 주변 사람들에게 그 이야기를 나누기 시작하자 사람들이 나를 찾아와 이렇게 말하기 시작했다. "저도 무너져내린 경험이 있어요. 제 이야기를 나눌 수 있을까요?"

탄자니아 사람들뿐 아니라 터코마(미국 워싱턴 주의 도시-역주) 사람들도 세상이 뒤집어지는 경험을 하고 있었다. 하나님은 부다페스트뿐 아니라 보스턴에서도 역사하고 계셨다. 그제야 나는 이것이 단순한 운동이나 개념을 뛰어넘는다는 사실을 깨닫기 시작했다. 이것은 틀림없이 인생의 가장 큰 질문, 즉 "내 인생의 의미는 무엇인가?"에 대한 답이었다.

대부분의 사람은 자기 영혼이 고요하거나 마음속이 잠잠할 때면 우리를 끊임없이 따라다니는 어떤 감정을 느낀다. 우리는 이 세상이 잘못되었음을 안다. 그런데 그 순간이 닥치면 그런 감정을 주체할 수 없게 된다. 더 이상 잠자코 자리에 앉아 이 세상이 지옥으로 향하는 것을 보고 있을 수만은 없다. 구원에 관여하고 개입하고 동참해야 한다. 그 결과, 우리는 더 이상 옛 세상과 옛 생활방식에는 '들어맞지' 않게 된다. 너무 많은 것을 보고 듣고 살았다. 그래서 평범한 삶으로는 도저히 돌아갈 수 없다. 하지만 이 모두는 부산물에 불과하다. 우리가 이 감정을 어떻게 처리하느냐 하는 것이 진짜 열매다.

의도적인 자기 부인

오해하지 마라. 쉽지 않은 일이다. 개인주의가 만연하고 성공 지향적인 사회에 사는 우리는 인생의 의미를 놓칠 때가 많다. 우리는 인생의 목적이 자아실현이요, 최고가 되는 것이라 생각한다. 아니다. 인생은 오히려 자기를 잃어버리는 것이다.

모든 신자의 여정은 내려놓음의 연속이다. 영화 "스타워즈"*Star Wars*의 요다는 "너는 네가 배운 것을 다시 잊는 법을 배워야 한다"고 말한다. 예수님은 가족과 친구를 떠날 각오가 되어 있지 않은 사람은 하나님 나라에 어울리지 않는다고 말씀하신다. 우리는 당당하게 믿음으로 나아온다. 변호사와 경찰관과 카피라이터처럼, 우리는 우리에게 뭔가 제공할 거리가 있기라도 한 것처럼 자랑스러워한다. 하지만 얼마 못 가 우리가 가진 것은 보잘것없음을 깨닫는다. 자기를 부인하고 자기 십자가를 지고 겸손의 길을 걸어가야 하는데, 그 과정이 마치 죽음처럼 느껴질 것이다. 결국 이 길이 이 세상에 유용한 유일한 길이다. 군대에 있는 친구들은 민간인들보다 이 점을 더 잘 알 것이다. 새로운 삶의 방식에 동화되려면, 옛 삶의 방식은 깨져야 한다.

한번은 (지나라는 가명의) 여성과 함께 일한 적이 있다. 재능과 경험을 겸비한 젊은 지나는 대단한 장래성을 보여주었다. 그녀는 당장 일을 시작하고 싶은 욕심이 컸기에, 우리는 오리엔테이션 과정을 줄여주기까지 했다. 하지만 나는 우리 단체가 독특하다는 사실을 염두에 두고 있었다. 나는 지나에게 우리 문화에 익숙해져야 한다고 반복해서 언질을 주었다. 과거에 그녀는 엄격한 기업체에서만 일해왔기에 이런 개념이 낯설었다. "무슨 뜻인지 잘 모르겠네요. 뭐가 그렇게 다르다는 말씀이시죠?"

엄청 다르다.

1년이 채 못 되어 지나는 회사를 떠났다. 여러 가지 이유가 있었겠지만, 그녀가 우리 문화를 제대로 이해하지 못했다는 점은 확실하다. 지나는 자신의 옛 생활방식을 새로운 생활방식으로 교체하지 못했다. 그래서 결과가 좋지 못했던 것이다.

내 친구 매트는 반대 경우였다.

매트와 나는 일리노이에서 함께 자랐다. 매트는 오랫동안 우리 앞집에 살았다. 매트는 어린 시절 내내 안경을 꼈고 뚱뚱했으며 말버릇이 나빴다. 나 역시 냉소적인 세계관을 지닌 뚱뚱한 아이였기에 매트와 쉽게 가까워질 수 있었다. 우리는 친구가 되었다. 같이 비디오 게임을 하고, "웨인즈 월드"*Wayne's World*를 수도 없이 보았으며, 인기 좋은 애들을 놀려먹었다. 나는 매트가 좋았다. 그 아이는 사람들에게 상처 주는 것을 아랑곳하지 않았고, 달라이 라마보다 많은 닌텐도 게임팩을 가지고 있었다(물론 달라이 라마의 경건함을 게이머에 비교한다면 말이다).

그런데 몇 해 전부터 매트의 인생이 달라지기 시작했다. 그는 엔지니어로 일하려고 시애틀로 이사했다. 이사하고 얼마 되지 않아 직장을 잃었다. 아마 실직은 그의 인생 최고의 사건이 아닌가 싶었다.

나는 내 결혼식에서 우연히 매트를 만나 잠시 근황을 나누었다. 그의 얼굴에 몰라보게 늘어난 미소가 가장 먼저 내 시선을 사로잡았다. 이 친구로 말할 것 같으면 무슨 일에든 부정적인 친구였는데 말이다. 논쟁의 주제는 중요하지 않았다. 매트가 엮인 문제라면 결과는 뻔했다. 무조건 부정적이었다. 그런데 이번에는 달랐다. 살을 빼고 안경을 벗으니 정말 다른 사람처럼 보였다. 그런데 외모만 변한 것이 아니었다. 태도도 달라졌다. 사람을 끄는 구석이 있었다. 그는 희망찬 사람이 되어 있었다.

매트는 내게 자전거를 타고 다니기 시작했다고 말했다. 실직하고 나서 그는 사람들의 강요로 더 많이 움직였다. 밖에 나가 산책을 했다. 활동적인 레저 활동을 하나둘 시작했는데, 재밌었단다. 내게는 의외였다. 이야기를 듣는 동안, 자기 열정을 나누며 활기를 띠는 그의 모습이 눈에 들어왔다. 이 사람이 과거에 나와 주말마다 시트콤 재방송을 함께 보던 친구였다는 게 믿어지지 않았다.

결혼식이 끝나고 나서 매트를 불러 예리한 질문을 몇 가지 더 던졌다. "매트, 너 많이 변했다. 도대체 무슨 일이 있었던 거야?"

매트는 "항상 부정적인 대답만 내뱉던 내 모습이 싫증났을 뿐이야. 알고 보니 이 세상은 아주 흥미진진하고 놀라운 곳이더라고"라고 대답했다.

나는 놀라서 그만 말문이 막혔다. 정말로 이 사람이 TV 프로그램 놓칠까 봐 학교 끝나고는 늘 집 안에만 처박혀 있던 그 아이와 동일 인물이란 말인가? 매트는 **진짜로** 달라졌다. 겁 많던 은둔형 외톨이가, 낯선 곳으로 이사하고 자전거를 타고 인생이 180도 달라진 용감한 모험가로 탈바꿈했다.

우리는 인생은 편해야 한다는 생각에 익숙해져 있다. 하지만 매트처럼 철저하게 인생이 변화된 사람들에게 물어보면, 그들은 하나같이 불편했을 때 자기 인생 최고의 결정을 내렸노라고 말할 것이다. 역사에 길이 남는 영웅들은 평범한 사람들은 알지 못하는 비결을 안다. 우리의 적은 두려움이 아니라, 아무것도 하지 않는 것이다. 우리는 우리를 가로막는 것들에 적극적으로 맞서는 법, 고통을 헤치고 앞으로 나아가는 법을 배워야 한다.

이런 용기란 만만치가 않다. 내 친구 칼린은 누구보다 그 사실을 잘 안다. 어느 날 저녁, 나는 칼린을 만나 커피 한 잔하면서 내슈빌 노숙자들을 향한 열정을 나누었다. 칼린의 비전은 내 것보다 훨씬 더 크고 훌륭했는데, 다음이 그 증거였다. 칼린은 자신이 도심 노숙자 쉼터를 대부분 익히 알고 있다면서, 주중에 매일 그중 어느 한 곳에서 자원봉사를 하고 있다고 말했다. 칼린의 인생은 산산이 조각 났다가 이 유일한 열정을 중심으로 재구성되었다. 이렇게 하려다 보니 온갖 희생이 불가피했는데, 그중 일부는 그다지 건전하지 못한 희생이었다.

그날의 만남 이후 수개월이 지나, 칼린과 그의 남편 크리스는 한 젊은 여자(알리사라고 하겠다)를 자기 집에 들였다. 알리사는 열여덟 살 정도의 어린 친구였는데, 십대 시절 윤락 여성으로 일하면서 중독과 반항과 어려움에 반복해서 휘말렸다. 칼린은 이 친구를 바꿔보려고 몇 달간 자기 집에 머물게 했다. 칼린에게 암흑기가 찾아왔다. 어느 날 오후, 함께 점심을 먹던 칼린이 좌절감을 토로했다. 일관성이라고는 눈곱만큼도 찾아보기 힘든 그 아이 때문이었다. 나는 칼린의 노력을 칭찬해주었지만, 칼린은 내 말을 무시하며 고개를 저었다. "제프, 너무 힘들어. 힘들어 죽겠다고."

하루는 알리사가 사라졌다. 아이는 아무 말 없이 짐을 챙겨 집을 나갔다. 쪽지 한 장 남기지 않았다. 칼린은 알리사가 돌아오지 않을 거라는 걸 알았다. 친구는 이 일로 몹시 마음 아파했지만, 동시에 안도하지 않았을까 생각해본다. 알리사는 내 친구가 감당하기 어려운 사람이었고, 친구도 이 상황에 준비되지 못한 상태였다.

내가 칼린에게 과거로 돌아간다고 해도 같은 선택을 할 거냐고 묻자, 친구는 잠시도 망설이지 않고 대답한다. "그럼, 당연하지." 그녀에겐 고민할 필요도 없는 일이다. 쓰라린 마음 따위는 옳은 일에 걸림돌이 되지 못한다. 그 일이 당신 인생을 갈가리 찢어놓는다 해도 말이다. 이것은 무너진다는 말이 무엇을 의미하는지, 그 시작에 불과하다. 하지만 좋은 출발점인 것은 확실하다.

우리 손을 떠난 여행

몇 년 전에 미국공영방송NPR 리포터와 대화할 기회가 있었다. 그녀는 내가 일하는 기관과 함께 1년간 선교를 떠난 20대 그룹에 관심을 보였다. 특히, 왜 많은 대학생이 여행에 관심이 있고 낯선 사람들에게 봉사하려 하는지 알고 싶어 했다.

리포터는 '선교사'나 '전도'라는 단어에 의심의 눈길을 보냈다. 이 젊은이들이 실제로 선행을 베풀었는가? 이들이 정말로 한 일은 무엇인가? 나는 이 선교사들이 자신이 섬기는 사람들과 함께 가난하게 산다고 대답하면서, 그들이 어떻게 지역교회와 단체들과 협력하여 해당 지역을 개선하는지 설명해주었다. 리포터는 내 말을 이해하기 어려운 눈치였다. 상대방을 이해시킬 방법을 잘 찾지 못한 나는 대답을 한 가지 핵심으로 요약하기로 했다. 사람들은 고통에 노출될 필요가 있다고.

미국인들은(세계 다른 지역도 마찬가지일 것이다) 소비 지상주의가 얼마나 허망한지 깨닫기 시작하고 있다. 젊은이들은 다른 사람들보다 그 사실을 더 빨리 터득하는 것 같다. 부족함을 모르고 자란 이 세대는 지나침이 낳은 결과를 보고 실망하고 있다. 그들은 물질주의의 영향을 경험했고, 재산과 두둑한 지갑이 약속하는 것 이상을 원한다. 그래서 이들은 예상치 못한 배출구를 찾기 시작하고 있는데, (몇 가지만 예를 들면) 사회 정의와 자선, 인도주의 활동 등이 그것이다.

이 세대는 인간의 깊은 필요를 잘 활용하고 있다. 단순 생존을 위해서가 아니라, 다른 사람을 섬기고 그들의 유익을 위해 희생하기 위해서 말이다. 영화배우에서 운동선수에 이르기까지 점점 더 많은 사람이 이 핵심 본능을 인식하고 있다. 사람들은 내면의 이타주의자를 밖으로 불러내고, 너도나도 진정한 자아, 자신이 간절히 바라는 긍휼이 넘치는 자아를 찾겠다고 아우성이다.

체스터턴G. K. Chesterton은 자신의 영적 고전 『정통』(Orthodoxy, 상상북스 역간) 첫 부분에서 새로운 세상을 찾기 위해 잉글랜드를 떠나는 어느 요트맨의 이야기를 들려준다. 하지만 그는 중간에 방향을 바꿔 출발했던 곳으로 되돌아오고 만다. 체스터턴은 구체적인 내용을 밝히지 않지만, 나는 그 사람이 배에서 내리는 순간 잉글랜드를 바로 알아보았다고 생각하지 않는다. 오히려 새로운 것을 찾을 만반의 준비가 된 그는 자신의 고향을 경이감과 경외감이라는 새로운 시선으로 바라보았을 것이다. 그는 새로운 시선과 간절한 기대감으로 익숙한 것들을 체험한다. 전에는 당연하게 여겼던 것들의 진가를 알아본다. 사실 달라진 것은 없었다. 변한 것은 그 사람뿐이었다. 체스터턴은 이렇게 쓴다. "해외로 나가는 것에 대한 매혹적인 두려움과 다시 집으로 돌아올 때의 자비로운 안도감을 아주 짧은 순간에 동시에 느끼는 것보다 더 즐거운 일이 어디 있겠는가?"[11] 익숙한 것을 새로운 시선으로 바라보는 것, 이것이 바로 무너짐의 목표이자 그 필연적 결과이다.

우리는 여행 중이다. 위대한 여행이 다 그렇듯, 우리는 이 여행을 통해 전에는 알지 못했던 자신의 모습을 볼 것이다. 떠나기만 한다면. 편한 것들과 결별하고 새 세상을 향해 돛을 올릴 만한 용기만 있다면. 그렇다면 여행 중에 뱃머리를 돌려 원점으로 되돌아온다 하더라도, 그 여행은 가치 있을 것이다. **우리는** 다른 사람이 되어 있기 때문이다.

그래서 나는 책과 프로그램을 신뢰하지 않는다. 내 생각을 이렇게 책으로 제시하는 것도 망설여진다. 고통과 희생 없이 '더 나은 당신'을 약속하는 것은 결국 성취감이 따르지 않기 때문이다. 고통 없이는 성장할 수 없다. 불편을 껴안고 다른 사람들의 고통에 동참할 각오가 되어 있지 않다면 당신은 삶의 목적을 찾을 수 없다. 이 책만 읽어서는 도움이 되지 않는다. 행동이 따라야 한다. 힘든 일, 심지어 위험한 일을 해야 한다. 그 일이 당신을 뒤바꿔놓을 것이기 때문이다. 당신은 성장 과정에서 잃어버린 그 한 조각을 발견할 것이다. 지혜를 얻고 이 세상이 어떻게 움직이는지 깨달을 것이다. 다시 어린아이로 돌아갈 것이다.

당신은 모르고 마더 테레사는 아는 것

깨진 이 세상을 보고 가슴 아파하는 사람은 대부분의 사람들에게는 없는 것을 갖고 있다. 긍휼. 이타심. 자유.

그들은 대다수 사람들이 부러워할 정도로 남다르다. 인생의 목적과 소명이 얼마나 분명하고 또렷한지 놀랍기만 하다. 이들은 고통 앞에서도, 좀 더 의미 있는 인생을 위해 자기도취증을 버릴 줄 아는 법을 배웠다. 얼마나 용기와 도전을 주는 삶인지 모른다.

하지만 산산이 부서진 당신이 온전히 재건될 수 없다면 어떻게 될까? 그래도 괜찮겠는가? 무너지려면, 깨어진 세상의 고통을 보고 제대로 망가지려면, 그러는 편이 좋을 것이다. 이것이 우리가 애써 찾고 있는 역설적인 목표요, 우리가 믿도록 프로그램된 대립이다. 인생에서 그런 명확한 목표를 갖는 게 어떤 것이냐고 묻자, 마더 테레사는 이렇게 대답했다. "저는 분명한 목표를 가진 적이 없습니다. 제가 늘 간직한 것이 있다면 신뢰뿐이지요. 그래서 저는 여러분도 하나님을 신뢰하기를 기도할 것입니다."[12]

기억해둘 만한 짧은 선언문을 하나 소개한다.

> 우리는 더 많이 바라지 않고, 더 적게 얻으려고 힘쓸 것이다. 쉽고 빠르고 나은 것 대신, 느리고 신중한 것을 택할 것이다. 충분히 시간을 들일 것이다. 다른 사람들의 필요를 최우선에 두고, 우리의 필요도 채워지리라 믿을 것이다. 믿는 훈련을 할 것이다. 비우고 내려놓음으로 우리 인생을 발견할 것이다. 다른 모든 것을 희생해서라도 값비싼 진주를 찾을 것이다. 더 많이 얻기 위해 더 비울 것이다.

고통을 통과하지 않고서는 진정한 내가 될 수 없다. 그런데 그 힘든 과정이 가치 있다고 믿지 못한다면, 누가 그 일을 할 수 있겠는가? 그 결과가 좋으리라 믿지 못한다면? 때때로 우리는 우리 자신마저 혼란에 빠뜨릴 정도로 세상을 어리둥절하게 만들, 무모하고도 진정한 믿음을 가지고 무너지도록 힘써야 한다. 그것은 분명 가치 있을 것이다.

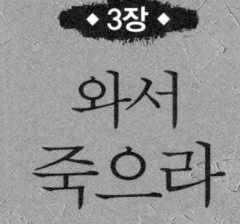

3장
와서 죽으라

Wrecked

> "나는 고통의 치료약을 찾아 헤맸지.…
> 오, 나의 주님, 당신처럼 고난받는다니,
> 그것은 달아나기 위한 거짓말일 뿐"
> ... 존 포어맨Jon Foreman의 노래 The Cure for the Pain 가사 ...

여동생 마리사는 대학교 2학년이다. 마리사가 첫 학기 때 무서워서 죽을 것 같다며 전화를 해왔다. "어떻게 인생을 살아야 할지 모르겠어, 제발 도와줘!" 나는 동생을 진정시킨 후 네 또래 젊은이들은 다들 비슷한 상황에 있다고 말해주었다. 하지만 동생이 던진 질문들은 중요하기에 계속해서 발전시켜가라고 격려해 주었다. 그런 질문을 품지 않은 젊은이들은 소중한 시간을 낭비하기 쉽다.

나는 마리사에게 인생의 전반적인 주제를 정하기 전에 다양한 수업과 전공, 특별 활동을 시도해보라고 조언했다. 대학은 실험과 실패를 경험할 수 있는 최적의 시기다. (그러나 늘 계획적인 마리사에게는 쉽지 않은 일일 것이다.) 가장 중요한 것으로, 나는 동생에게 예상 밖의 일을 해보라고 말해 주었다. 고통이 있는 곳에 가보라고 했다. "네 인생의 목적을 발견하고 싶으면, 상처가 있는 곳을 찾아 거기서 시간을 보내야 해."

몇 주 후, 나는 아내와 함께 동생을 보기 위해 버밍엄에 있는 앨라배마대학교를 찾았다. 점심을 먹으면서 알리사는 그날 아침 일찍 일어나서 그 지역 청소 자원봉사에 동참한 이야기를 들려주었다. 알리사의 얼굴에는 함박웃음이 그치지 않았고, 나는 동생이 그렇게 자랑스러울 수가 없었다. 동생은 내가 10년 걸려 배운 교훈을 이해하기 시작했다. 자기 자신이 아니라 다른 사람들에 집중할 때 우리의 소명을 발견할 수 있다.

올바른 정체성을 찾을 수 있는 한 가지 방법은 어떻게 살 것인지를 파악하는 것이다. 어떤 직업을 구하고 어떤 사람과 결혼하고 언제 선교여행을 떠날지 결정하는 것 말이다. 하지만 그런 질문들은 잘못되었다. 제대로 된 질문은 "망가져서 고쳐야 할 곳은 어디인가?" 하는 것이다. 대개 그 해결책은 당신이다. 당신이 뭔가를 할 수 있다.

죽어가는 세상의 필요와 맞닥뜨릴 때 우리는 우리의 재능과 은사와 열정이 우리만의 것이 아니라 남을 위해 희생해야 하는 것임을 깨닫는다. 스코틀랜드의 용맹한 전사 윌리엄 월리스William

Wallace는 비겁한 스코틀랜드 귀족들에게 이렇게 말했다. "여러분은 여러분에게 지위를 주기 위해 이 나라의 백성이 존재한다고 생각합니다. 하지만 저는 이 백성에게 자유를 주기 위해 여러분의 지위가 존재한다고 믿습니다."[13] 날 때부터 우리에게 특권과 기회가 주어진 것은 다 이유가 있어서다. 그것들을 나누어주라고 선물로 주신 것이다.

역설

씨앗 하나가 땅에 떨어져 죽지 않으면 한 알 그대로 있다. 하지만 죽으면 배가된다.[14] 이것이 인생의 역설이다. 많이 줄수록 많이 얻는다. 목숨을 버리면 도리어 찾는다.

대학생 때 이 역설적인 삶의 방식을 처음 알 게 되었다. 먼 곳에서 친구들이 나를 보러 왔는데, 가진 돈은 10달러가 전부였다. 차를 타고 대륙을 횡단한 친구들에게 나는 한턱을 쓰고 싶었다. 하지만 10달러를 다 쓰고 난 후가 걱정되기도 했다. 나는 하나님께 도와달라고 기도하고 세 사람이 마신 커피 값을 지불했다. 이제 수중에는 한 푼도 없었다. 그런데 그 이후로 가는 곳마다 사람들이 밥값을 내주고, 뜬금없이 물건을 건네는가 하면, 익명으로 내 앞에 돈을 남기기도 했다. 희한한 일이었다.

그중에서도 가장 신기한 사건은, 공개 게시판에 내 이름이 쓰인 봉투가 붙어 있었던 것이다. 봉투 안에는 색인 카드 두 장 사이에 10달러 지폐가 들어 있었다. 그날 밤, 나는 친구들과 외식을 했다. 한 친구가 아무 말 없이 계산서를 집어 들었다. 그래서 나는 내가 생각하기에 가장 합당한 일을 했다. 종업원에게 10달러 팁을 남긴 것이다.

이것은 무너진 삶을 살아가는 중요한 원리다. 다른 사람들에게 넉넉히 베풀수록, 전혀 예상치 못한 곳에서 날마다 축복을 경험하게 될 것이다. 한 친구는 그 점을 이렇게 표현하기도 했다. "당신이 이 우주에 너그러울수록, 이 우주도 당신에게 너그러울 것이다." 이것은 단순한 업보를 뜻하지 않는다. 우리가 받은 은혜에 감사하는 행위로, 아낌없이 넘치도록 베풀라는 것이다. 그러면 역설적으로, 그 과정에서 우리의 필요는 자연스럽게 채워진다. 내려놓기는 여전히 내게 힘든 일이지만, 인생에서 가장 좋은 것은 돈을 주고 사거나 소유할 수 있는 것이 아니란 사실을 배우고 있다. 우리 삶을 나누어줄 때만이 그런 것들을 발견할 수 있다.

물론 이런 삶의 방식이 새로운 것은 아니다. 오히려 아주 오래된 것이어서, 모두들 머리로는 이 개념에 익숙하다. 하지만 현실에서 이대로 살기란 결코 녹록지 않다. 그래서 우리는 공허함을 느낄 때가 많다. 만족할 줄 모르고 늘 뭔가를 찾아 헤맨다. 헨리 데이비드 소로 Henry David Thoreau는 "수많은 사람들이 고요한 절망 속에 살아간다"[15]고 말한 적이 있다. 아마도 그것은 우리가 원하는 것을 다 가졌지만 여전히 불만족스럽기 때문이 아닐까.

당신은 거짓말에 속아왔다. 사람들이 말하기를, 많은 시간을 들여 열심히 노력해서 좋은 성적을 받으면 행복해진다고 했다. 노력한 만큼 보상을 받으면, 그제야 비로소 진정한 삶을 시작할 수 있다고 했다. 그제야 **조금은** 베풀 수 있게 되어 교회에 십일조를 하고 주머니 사정이 좋지 않은 친구를 도울 수 있다고 했다. 하지만 솔직해지자. 뭔가 잘못되었다는 느낌이 들지 않는가. 그 느낌을 믿어보라.

당신 마음에는 갈망이 있다. 당신 영혼에는 채워지기를 기다리는 공간이 있다. 이 느낌은 우연이 아니다. 인생에는 우리 눈으로 볼 수 있는 것 이상이 있음을 상기해주는 증거다. 영화 "매트릭스"*The Matrix*의 모피어스는 그런 끈질긴 느낌을 이렇게 표현했다. "당신은 꿈의 세계에서 살아왔소…."[16]

우리는 꿈에서 깨어나야 한다. 소명을 발견하고자 하는 사람은 계획적이고 대담하게 살아야 한다. 넉넉하게 베풀어야 한다. 이런 선택은 쉽지 않고, 자연스럽게 찾아오지도 않는다. 그러나 이것이 바로 우리가 살아야 할 인생이다. 이것이 우리가 찾아 헤맨 만족과 우리가 꿈꿔온 삶을 발견할 수 있는 유일한 길이다(라고 감히 확신한다). 넉넉히 베푸는 삶에는 건강과 사업, 심리적 유익이 뒤따르지만, 무엇보다도 가장 중요한 것은 그것이 인생에 의미를 가져다준다는 것이다. 그러나 반드시 대가도 있다.

올리버 웬델 홈스Oliver Wendell Holmes는 이런 글을 남겼다. "아, 가슴 속에 아름다운 음악을 지니고도 노래 한 번 불러보지 못하고 죽는 사람들아."[17] 나는 그런 사람들을 만나본 적 있다. 아름다운 목소리를 지니고도 절대로 노래하지 않는 사람들. 노래를 몰라서가 아니라, 노래하기가 두려운 것이다. 이것을 다른 분야나 직업, 열정에 적용해보면, 수많은 사람들이 두려움 때문에 평생 자신의 재능을 펼치지 못하는 모습을 보게 될 것이다. 여기서 홈스가 말하는 '음악'이 뭔지 궁금한가? 사랑이다. 과격하고 무모하고 자신을 주는 사랑. 그 사랑을 더 많이 베풀수록, 더 많이 받는다.

긍휼의 대가

선행을 하면서 기분이 상할 때가 있다. 교회 설교나 자선단체 웹사이트에서는 이런 말을 들어보지 못했을 것이다. 하지만 사실이다. 구호 활동이나 대외 원조에 몸담았던 사람에게 물어보라. 동네 노숙자 쉼터에서 일하는 사람이나 사회복지사 친구를 알면 이야기를 나눠보라. 긍휼은 늘 깔끔하고 개운하지만은 않다. 골치 아프고 엉망진창이다. 그런데 바로 그 때문에 긍휼은 아름답다. 이것은 강력한 이야기를 살아내고자 하는 사람들에게 꼭 필요한 교훈이다.

들려줄 만한 가치가 있는 이야기에는 갈등이 들어 있다. 가치 있는 이야기를 살기 원한다면 고통은 불가피하다. 명심하라. 긍휼은 '함께 고난받는다'는 뜻이다. 궁핍한 사람을 섬기려 애쓰는 사람이 조금도 상처를 받지 않는다면, 뭔가 잘못된 게 틀림없다. 남을 돕는 것은 좋은 일이지만, 진짜 긍휼은 당신의 마음을 아프게 한다. 남을 돕고 있는 그 순간조차, 당신이 채우지 못하는 필요들을 보며, 당신이 더 할 수도 있는 다른 일들 때문에 마음이 무너진다. 죽어가는 사람을 품에 안고 있을 때, 누군가의 맨발에 신발을 신겨줄 때, 노숙자의 이야기를 듣고 있을 때 당신의 마음은 편치 않다. 가슴이 아프다. 그래야 마땅하지 않은가. 그런 상황들은 이 세상이 여전히 깨진 상태이며, 치유가 필요하다는 사실을 새삼 상기시킨다.

선행을 하면 기분이 좋아진다는 이유만으로 불행한 사람들을 돕는다는 사람들을 볼 때 나는 웃음이 난다. 그들은 가난한 사람들, 궁핍한 사람들, 마음이 아픈 사람들과 한데 살아본 경험이 없는 것이 분명하다. 무리하면서까지 돕고, 고통받는 사람과 함께 괴로워해 본 적이 없을 것이다. 자선 활동이 자가 치료라는 말은 사실이 아니다. 어이없고 터무니없는 말이다. 고통 가운데 있는 사람을 정말로 돕고 있다면, 정말로 긍휼을 체험하고 있다면, 당신은 상처 입을 수밖에 없다.

일하면서 기분이 좋은가, 아니면 많든 적든 마음이 상하는가? 이것이 바로 타인의 인생을 바꾸기 원하는 사람들을 위한 리트머스 시험지다. 후자라면, 제대로 가고 있는 것이다. 잘 들어라. 여기는 디즈니 월드가 아니라 **현실** 세계다. 인생이란 현실이며 날 것 그대로이고 불쾌한 것이다. 피할 수만 있다면 보고 싶지 않은 것 투성이다. 그런데 뭔가를 바꾸려 한다면, 당신은 망가지고 깨진 세계로 들어가 그 안의 고통을 체험해야 한다. 이 현실에서 벗어나는 유일한 길은 당신만을 위해 사는 것이다. 그 결과는 우리 모두가 잘 알고 있다. 바로 지금 당신의 모습이다.

다른 사람을 위해 봉사하고 기분이 좋아지는 것은 긍휼이 아닌데, 이것은 아주 결정적인 차이다. 당신이 소명을 찾아 나서는 과정에서 가짜를 만날 것이기 때문이다. 당신의 자기도취증에 영합하는 기관과 기회들은 몇 시간 봉사하면 기분이 좋아질 거라고 약속한다. 나는 그것이 하나님이 당신에게 계획하신 인생이 아니라고 감히 약속한다. 그런 약속들을 보면 도망쳐라.

하지만 평생의 일을 찾고 거기서 만족을 느끼는 것은 아무 잘못이 없다. 또다시 우리는 역설을 경험한다. 다른 사람의 고통에 들어가는 것은 이 세상에서 우리가 맡은 역할에 깊은 확신을 주기에 우리를 기분 좋게 만들 수도 있지만, 정작 그 일을 하는 것은 썩 기분이 좋지 않을 수 있다. 다시 말해, 우리는 슬픔 가운데서 목적을 찾는다. 고통 가운데서 의미를 찾는다. 그럼에도 고통은 계속된다.

이 두 가지 모순이 만나는 곳에서 우리는 참된 자아를 발견하게 된다.

세상에서 가장 상투적인 말

내 친구 더스틴은 일리노이 중부의 중산층 가정에서 자랐다. 성적과 운동 실력 모두 나무랄 데가 없었고, 도덕적으로 살려고 애썼다. 때가 되어 대학에 진학했는데, 새내기 시절 그는 문란한 생활을 했다. 파티. 음주. 여자들. 닥치는 대로 살았다. 대학은 힘든 곳이었다. 거듭난 그리스도인이 되어 삶이 변화된 이후에도, 대학 시절의 추억은 후회와 자기 회의뿐이었다.

그런데 과테말라로 이주하고 나서 그의 삶이 정말로 변하기 시작했다. 인생의 목적을 제대로 깨닫기 시작했다. 하지만 그조차도 먼 길을 돌고 도는 이상한 과정을 거쳐야만 했다.

더스틴은 케트살테낭고Quetzaltenango에서 2년간 영어 교사로 일하면서 대입을 앞둔 현지인들을 가르쳤다. 그곳에서 그는 두 가지 열정을 발견했다. 첫째는 스페인어, 둘째는 가르침에 대한 열정이었다. 또 그는 평생 처음 보는, 과테말라의 극심한 빈곤을 목격했다. 이 모두가 어우러져 그의 세계관에 영향을 미쳤다.

2년간의 남미 생활을 마친 더스틴은 미국에 돌아와 결혼하고 오클라호마에 정착했다. 그는 교육과 외국어는 이 정도면 됐다고 생각했다. 이제는 앞으로 나아갈 시기, 더 성장할 시기였다. 그래서 다른 분야를 시도해보기로 했다. 보험을 팔기도 하고 수출 회사에서 일하기도 하고 헬스클럽 회원권을 판매하기도 했다. 그는 사람들을 설득하는 능력이 있었다. 나도 그 점은 높이 샀다. 한동안 그는 이 은사를 활용하여 생계를 꾸렸지만, 그것은 하나님의 계획이 아니었다. 한 직장에 오래 있지 못하고 이 직업 저 직업을 전전했다. 새로 일을 시작할 때는 늘 "바로 이거다" 싶었지만, 결국에는 만족하지 못하고 그만두기를 반복했다. 아내 크리스틴이 의대를 마치자 두 사람은 어느 병원에 일자리를 얻었고, 더스틴은 한동안 안정을 찾았다. 하지만 그 자리도 6개월을 넘기지 못했다. 그는 또다시 화학 약품을 파는 다른 직장을 구했다. 뭔가 부족한 것이 있었는데, 그는 그것이 뭔지 몰랐다. 그의 욕망을 충족시킬 만큼 크고 좋은 것은 없는 듯했다. 그는 그 때문에 괴로웠지만, 어찌해야 할지 알 수가 없었다.

　더스틴은 늘 모험을 좋아했다. 그는 등에 문신이 있고, 번지 점프도 무서워하지 않았다. 솔직히 말해서, 나는 그의 대담함에 감동하기도 했고 겁을 먹기도 했다. 학창 시절에 친구들을 놀릴 때면 "넌 …할 만큼 미치지 않았구나"라는 말을 즐겨 사용했는데, 그게 뭐가 됐든 더스틴은 말이 채 끝나기도 전에 시도하곤 했다. 대개는 재미로 하던, 가혹한 장난이었다. 그래서 더스틴이 전화해서 일을 그만두고 부부가 함께 몇 달간 외국에 나간다고 했을 때도 나는 별로 놀라지 않았다. 학창 시절과 다른 점이 있다면, 내가 그를 꼬드기지 않았다는 것뿐이었다. 그는 스스로에게 도전장을 내민 것이 틀림없었다.

뜻밖에도 더스틴이 대학 졸업 후 2년간 일했던 과테말라 학교에서 급히 사람을 찾고 있었다. 다행히 크리스틴도 그 일을 마음에 들어 해서 두 사람은 함께 1년 계약을 맺었다. 그는 수년 전 자신이 사랑에 빠졌던 나라를 아내에게 소개해줄 수 있었고, 크리스틴도 자기만의 모험을 시작할 수 있었다. 두 사람이 그동안 바라던 것을 모두 채워줄 절호의 기회처럼 보였다. 하지만 그들의 예상대로 되지는 않았다.

더스틴과 크리스틴은 6개월쯤 되었을 때 학교와의 계약을 깨고 집으로 돌아와야 했다. 집안에 문제가 있어서 그렇게 할 수밖에 없었지만, 쉽지 않은 결정이었다. 머리로는 그게 아니라는 걸 알았지만, 꼭 실패한 것처럼 느껴졌다. 포기한 것만 같았다. 하지만 그 과정에서 그는 중요한 교훈을 배웠다. 중앙아메리카를 떠나기 전에 친구와 함께 2주간 정글 하이킹을 했다. 일종의 순례 여행이었다. 그는 그 여행에서 자기 인생에서 원하는 것을 발견하고, 아내와 함께 과테말라에서 살려고 했던 꿈이 깨진 것을 슬퍼했다.

그 정글 속에서, 하나님이 더스틴에게 말씀하셨다. 그는 여행 도중 몇 번이나 죽을 뻔했는데 그것을 계기로 놓치고 있던 균형감을 얻게 되었다. 우선, 그는 정착하지 못하고 늘 돌아다니는 인생이 얼마나 피곤한지를 깨달았다. 대학을 졸업하고 스물아홉 살이 될 때까지 세 군데 나라, 세 군데 주, 일곱 군데 도시를 옮겨 다니며 살았다. 그동안 거친 직업만도 열 개가 넘건만, 어디에도 '뿌리'를 내리지 못했다. 결국 방랑벽이 그의 발목을 잡았다. 그래서 그는 작정했다. 문명과 멀찍이 떨어진 곳에서, 이렇게 결심했다. "길이 어디로 향하든, 나는 거기 머물러 뿌리를 내리고 그곳 사람들에 합류하여 가정을 이룰 것이다. 계속해서 앞만 내다보는 것은 그만하겠다."

더스틴은 새사람이 되어 집에 돌아왔다. 아내와 오클라호마로 돌아와 교편을 잡고 스페인어를 가르쳤다. 수년에 걸친 여행과 탐색, 수많은 고통과 실망 끝에, 드디어 더스틴은 자기가 찾아 헤매던 것을 발견했다. 생각했던 것만큼 화려하고 스릴 넘치는 삶은 아니었지만, 만족스러웠다. 그는 자신의 진정한 열정을 발견했다. 그것은 여행이 아니라 교직이었다. 먼 길을 돌아왔지만, 그 길밖에는 도리가 없었다.

가치 있는 일, 당신에게 만족과 도전을 주는 소명을 찾고 싶은 사람은 당신보다 더 큰 실재와 맞닥뜨려야 할 것이다. 그것은 남들이 하는 말이나 당신 생각과는 다를지도 모르지만, 열심히 찾는다면 당신에게 찾아올 것이다. 우리의 소명은 깜짝 선물로 찾아온다. 마치 우리가 맹세했던 막연한 꿈이 실현된 것처럼 말이다. 당신의 '소명'이 무엇이든 일단 그것을 찾으면, 피할 수 없을 것이다. 당신을 무너뜨리고 억지로 행동하게끔 한다. 때때로 당신이 부름 받은 일은 힘들고 혼란스러울 것이다. 하지만 계속해서 밀고 나가면, 그 고통 배후에 있는 목적을 보게 될 것이다. 그 모든 경험이 당신을 어떻게 성장시키는지 보게 될 것이다. 그리고 그 모든 여정을 허락하신 하나님께 감사할 것이다.

모든 여정에는 희생이 따른다. 그래서 목적지가 가치 있는 것이다. 더스틴은 판매와 설득에 타고난 재능을 포기해야 했다. 그렇게 그는 다른 나라로 떠났고, 거기서 가난을 목격하면서 그에게 절실하게 느껴지는 필요를 발견했다. 차이점이 있다면, 그가 그것을 찾으러 가야 했다는 것이다. 내가 하고 싶은 말은 이것이다. 거실 소파에 앉아만 있으면 마음이 무너지기 어렵다. 가야 한다. 찾아야 한다. 떠나야 한다. 모험을 사는 법을 배워야 한다. 그러면 결국 가장 좋은 것이 당신을 집으로 인도할 것이다. 자신을 찾으라는 말은 진부한 표현일지도 모르지만, 확실히 맞는 말이다. 자신을 찾으려면 용기와 여행과 탐색이 필요하다. 진짜 당신이 당신을 기다리고 있다.

우리의 소명과 정체성은 불가분의 관계다. 둘이 같지는 않지만 서로 연결되어 있다. 우리는 우리가 하는 일 가운데 자신의 정체성을 발견한다. 어떤 방향으로 움직이지 않고서는 자신이 누군지 알 수 없다. 더스틴은 자기가 누군지 안다고 생각했지만, 자기 재능을 어떻게 사용해야 할지 확신이 서지 않았다. 하지만 그 여정을 통해 자신에 대해 많은 것을 배우고, 결국 인생의 소명을 찾았다. 세상에서 자기 역할을 찾고자 하는 모든 사람에게 같은 원리가 적용된다. 저기 당신의 소명이 있다. 깨지고 어두운 세상 가운데 숨어 당신을 기다리고 있다. 그것을 발견하는 것은 당신 몫이다.

WRECKED

WRECKED

4장
나는 어떻게 무너졌는가

Wrecked

"자발적인 우리가, 아무것도 모르는 사람들을 앞세우고,
고마운 줄 모르는 사람들을 위해 불가능한 일을 하고 있습니다.
우리는 오랫동안 너무 적은 것을 가지고
너무 많은 일을 해왔습니다. 그래서 이제는 아무것이 없어도
무슨 일이든 할 수 있는 자질을 얻은 것입니다."
... 마더 테레사 ...

    낯선 환경은 우리가 스스로 자기 능력 이상의 사람이 될 수 있게 해준다. 그것은 속삭임으로 시작해 점점 커지다가 비명이 된다. 위험을 무릅쓰고 귀를 활짝 연 채 세상으로 나가는 사람들은 무슨 소리든 듣게 될 것이다. 그 소리는 노래처럼 우리를 유혹할 수도 있고, 공습경보처럼 우리를 납작 엎드리게 할 수도 있다. 어쨌든 그 소리는 우릴 찾아온다. 그것도 너무 확실하게. 그럴 마음만 있다면, 우리는 무너질 것이다.

    대학 시절에 난생 처음 그런 경험을 했다. 그 당시 나는 교환학생 자격으로 스페인에 있으면서 나만의 여행과 교육을 만끽하

고 있었다. 그러던 어느 날, 나는 완전히 다른 일을 시도했다. 돌아서기로 작정한 것이다.

내일이면 난 죽을지도 몰라

대학교 3학년 때였다. 낮에는 수업을 듣고, 밤에는 플라멩코 바를 전전했다. (허연 얼굴에 빨강머리를 한 미국 중서부 출신에게는 어울리지 않는) '페페'라는 이름까지 쓰면서 스페인 문화에 푹 빠져 있었다. 나는 피렌체에서 산 가죽 가방을 메고, 엘 코르테 잉글레스(스페인의 대형마트 체인-역주)에서 구입한 검은 가죽 신발을 신고, 안달루시아 특유의 혀짤배기소리를 내면서 이 올리브 빛 피부 사람들에게 철저히 동화되기로 작정했다. 매일 밤 현지인들과 어울리면서 유용한 스페인어 표현을 배워 두었다가 다음 날 수업 시간에 써먹곤 했는데, 그때마다 교수님이 얼마나 당황스러워했는지 모른다. 스페인 사람이 되고 싶었던 나의 하루는 대개 그런 모습이었다.

그러던 어느 날 저녁, 평범한 일상을 뚫고 예상치 못한 일이 생겼다.

그날 밤, 나는 수업을 마치고 집으로 향하면서 친구들과 저녁에 뭘 하면 좋을지 이야기하고 있었다. 그런데 갑자기 어디선가 "여보쇼!" 하는 소리가 들렸다.

우리는 대로 한복판에서 이야기에 정신이 팔린 나머지, 처음에는 그 소리를 알아듣지 못했다. 도시를 쏘다닐 생각에 흥분한 우리는 계속해서 대화에 집중했다. 요 며칠 드나들었던 단골 바에 다시 갈까, 아니면 디스코텍에 도전해볼까? 일단 숙소로 돌아가 저녁을 먹고 나서 결정하기로 하고 집으로 출발했다. 우리는 매일 아침 저녁으로 건너는 과달키비르 강 다리 쪽으로 발걸음을 옮겼다.

또다시 목소리가 들렸다. 이번에는 제대로 된 말이었다. "이봐, 너희들!"

우리는 가던 길을 멈추고 돌아섰다. 그가 골목에서 모습을 드러냈다. 하얀 셔츠와 갈색 바지를 입은 사내는 검댕이 묻어 꼴이 말이 아니었다. 다부지고 거친 외모로, 키가 180센티미터는 족히 돼 보였다. 사내는 더럽고 갈라진 손으로 허연 턱수염을 매만졌는데, 입 주변이 온통 누런 얼룩투성이였다. 다 떨어진 바지에는 군데군데 구멍이 나 있어서 털북숭이 다리가 훤히 보였고, 단추로 채운 셔츠에도 여기저기 얼룩이 묻어 있었다. 그 위에 커다란 갈색 외투를 껴입어 지저분한 차림새를 가렸다. 따져볼 것도 없었다. 이 사내는 부랑자였다. '바가분도'Vagabundos. 홈스테이 주인아주머니는 그런 사람들을 이렇게 불렀다. 그러면서 절대 그런 사람들과 어울리지 말라고 했다.

사내는 알아듣기 어려운 스페인어를 지껄였는데, 그 말이 귀에 들어와 우리가 뒤돌아본 것이었다. 우리는 어찌할 바를 몰라

멍하니 그 사람을 보고만 있었다. 스페인 사람이라고 하기엔 피부가 너무 하얬고, 미국인이라고 하기엔 너무 세련돼 보였다. 침묵이 이어졌다. 우린 그저 쳐다보고만 있을 뿐이었다. 아무리 머리를 굴려도 어떤 사람인지 알 수가 없었다. 뭔가가 이상했다. 사내가 이번에는 프랑스어로 말했다. 목소리가 갈라지기 시작했다. 그러고 나더니 도통 알아들을 수 없는 험한 말을 쏟아냈다. 이게 무슨 말이지? 독일어인가? 그래도 우리는 꿀 먹은 벙어리처럼 가만히 있었다.

한참 뒤에, 우리 일행 중 한 아이가 입을 뗐다.

"무슨 일이시죠?" 루크레티아였다. 루크레티아는 과테말라 출신으로 세비야에서 벌써 1년 넘게 살고 있어서, 우리가 보기에는 영락없는 스페인 사람이었다. 마침 교환학생 프로그램을 담당하고 있었으니, 그녀가 나서는 게 자연스러운 듯했다.

사내는 돈이 필요하다면서 도와줄 수 있느냐고 물었다. 갈 곳도 잘 곳도, 머리 누일 곳도 없다고 했다. 친구들과 나는 어색한 눈빛을 교환했다. 우리는 이제 막 성경공부를 마치고 돌아오는 길이었다. 성경공부 시간에는 새로운 문화와 도시에 어떻게 적응해야 할지 이야기를 나누었다. 우리는 대부분 교외 지역이나 시골 농촌 출신이어서, 도시 생활이 낯설었다.

이런 일은 나도 난생 처음이었다. 일리노이 북부에는 노숙자가 없다. 최소한 내 기억으로는 노숙자를 본 적이 없다. 하지만 여기는 세비야. 행인과 부랑자와 난민이 익숙한 도시. 이곳에서는 날마다 이런 일이 벌어졌다.

또다시 루크레티아가 나섰다. "지금은 현금이 없네요. 내일 여기서 다시 뵐 수 있을까요?"

"내일 어디 있을지는 나도 몰라" 하고 그가 대답했다.

'어련하시겠어요. 댁은 노숙자니까.' 나는 속으로 생각했다.

"나한테 내일은 없어. 여기도 있다가 저기도 있다가 어디든 갈 수 있지. 내일이면 난 죽을지도 몰라! 예수 그리스도의 이름으로, 날 좀 도와줘요." 그가 사정사정했다. "제발 도와줘요. 난 하나님을 사랑해. 먹을 게 좀 필요해서 그래."

그의 입에서 이 말이 떨어지자마자 난 크게 충격을 받았다. 하지만 미동도 않고 가만히 서서 그를 보기만 했다. 온몸이 마비된 것 같았다. 하지만 내가 뭘 할 수 있을까?

루크레티아가 그를 잘 구슬려서 다시 돌아오겠다고 약속했지만, 사내는 여전히 불만이었다. 우리가 그를 두고 떠나자 뒤쫓아 오며 소리를 질렀다. 우리를 붙잡으려고 하나님 이야기, 예수님 이야기를 입에서 나오는 대로 마구 지껄였다. 다리를 건너려는 찰나에도, 그의 말이 계속 마음에 걸려 괴로웠다. 하지만 우리 일행은 발걸음을 재촉했다.

계속되는 사내의 목소리를 외면해보려고 우리는 시답잖은 이야기를 나눴다. 나는 룸메이트에게 주인아주머니가 저녁 식사로 뭘 준비하셨을지 물어보았다. 친구는 우리 모두가 느끼는 어색함을 무마하려고, 양심의 목소리를 잠재우려고 꾸역꾸역 대답했다. 하지만 내 귀에는 어려움에 부닥친 부랑자의 애원하는 소리만 들렸다. 강을 거의 다 건넜지만, 그 소리를 도무지 무시할 수 없었다.

다리 중간쯤에서부터 나는 속이 메스꺼웠다. 마음속에 납덩어리가 쿵 내려앉아서 가실 줄 몰랐다. 사내의 목소리는 더 이상 들리지 않았지만, 속이 불편했다. 죄책감을 피하려고 아무리 애써봐도, 그 남자의 말이 내 속에서 계속 울려 퍼졌다.

'예수 그리스도의 이름으로….'

발걸음이 쉽게 떨어지지 않았다. 한 발짝 한 발짝 뗄 때마다 더 괴로워졌다.

'예수 그리스도의….'

결국 난 더 이상 견딜 수가 없었다. "깜빡 한 게 있어서"라고 모호한 이유를 둘러대며 룸메이트에게 가방을 떠안기고는 돌아섰다. 그리고 내달렸다.

퇴근하는 사람들 사이를 뚫고 달려서 다리를 건넜다. 사람들이 나를 쳐다봤다. 이를 악물고 뛰어가는 흰 피부의 관광객. 점점 더 보폭이 커지고 심장박동도 빨라졌다. 너무 늦지는 않았을까.

다시 강을 건너 사람들 틈바구니에서 사내를 찾았는데 그는 온데간데없었다. 벌써 다른 광장으로 가버린 것은 아닌지 걱정이 되었다. 거기서 또 다른 사람들의 무시를 받고 있겠지.

그러던 찰나, 그가 눈에 들어왔다. 우리 학교 옆 골목에 쭈그리고 앉아 담배를 피우고 있었다.

노숙자를 거의 만나본 적이 없었던 나는 그들을 전반적으로 불신하는 성향이 있었다. 노숙자들이 무서웠다. 그러니 웬 유럽 떠버리에게 돈뭉치를 건네줄 생각은 추호도 없었다. 그러기에는 난 너무 똑똑하거나 너무 냉정했다. 하지만 그렇다고 아무것도 안 할 수는 없어서, 내가 할 수 있는 것을 하기로 했다. 먹을 것을 주기로 한 것이다.

"배고프세요?" 내가 지나가는 말로 물었다. 질문보다는 요구에 가까운 말이었다. 그가 천천히 고개를 끄덕였다. "그럼 따라오세요."

근처 맥도날드가 괜찮을 것 같았다. '잠깐 들어갔다 나오면 되지. 크게 번거롭지도 않고 별 문제도 없을 거야.' 나는 사내를 노란색 의자에 앉히고 뭘 먹겠느냐고 물었다. 그는 치즈버거와 감자튀김, 맥주를 주문했다.

"맥주는 미안하게 됐소. 하지만 꼭 한 잔해야겠소." 그가 쑥스레 말했다.

"괜찮습니다." 나는 학교를 나선 이후 처음으로 얼굴에 미소를 지으며 대답했다. 그런 다음 주문을 하려고 줄을 섰다.

잠시 후에 음식을 쟁반에 담아 자리로 돌아왔다. 나는 그가 허

겁지겁 음식을 해치우는 모습을 지켜봤다. 둘 다 아무 말이 없었다.

그는 한참 동안 맥주를 벌컥벌컥 들이켜더니 내 이름을 물었고, 나는 이름을 알려주었다.

그는 석기 시대 야만인처럼 자기 뺨을 때리면서 "미카"라고 이름을 밝혔다. 그러면서 날 보고 여기서 뭘 하냐고 물었다. 우리는 다 학생이고, 그와 처음 만난 곳이 우리가 공부하는 학교라고 말해주었다.

그런 다음 나는 그에 대해 물었다. 그는 이것저것 자잘한 이야기들만 늘어놓았지만, 온 힘을 다해 연결해보겠다.

미카는 독일에서 왔는데 고향으로 돌아가지 못했다. 나로서는 이해할 수 없는 어떤 이유로 그는 국외 추방을 당했다고 한다. 한 가지 사소한 문제만 없었더라도 그는 독일로 돌아갈 수 있었을 거라고 했다. 서류를 분실한 것이다. 그 서류가 없으면 집으로 돌아갈 수 없었다. 그래서 그는 이렇게 불확실한 상태로 방황할 수밖에 없게 되었다.

매일 밤 그는 저녁 식사를 하기 위해 잔돈까지 탈탈 털어 모은다. 운이 좋아 대부분은 쓰레기통이나 공원 벤치에서 먹을 만한 것을 구한다고 했다. 샌드위치나 빵 한 조각, 아니면 사과 한 알. 그런데 오늘 밤은 달랐다.

먹으면서 이야기하느라 지저분한 턱수염에 햄버거 조각이 들러붙었다. 그는 음식을 씹으면서 내가 알아듣기 어려운 엉터리 영어로 무슨 이야기를 하려고 했다. 그러다가 온 유럽을 통틀어 가장 큰 함박웃음을 만면에 짓곤 했다. 물론 나도 같이 웃어주었다. 우리는 이렇게 한 시간 정도 말을 주거니 받거니 했다. 서로의 관심사와 열정과 고민을 나누었다. 서로 이야기를 들으며 배웠다. 그러면서 우리는 둘 다 인간이 되어갔다. 그는 더 이상 무시무시한 걸인이 아니었고, 나도 더 이상 한 시간 전의 무정하고 이기적인 미국인이 아니었다.

바로 그때 미카가 충격적인 이야기를 던졌고, 나는 그 이야기에 완전히 무너졌다.

"제프, 나는 매일같이 수많은 사람에게 말을 건넸지만, 당신이 유일한 사람이오." 나는 그의 말이 무슨 뜻인지 몰라, 그가 말을 멈춘 사이 눈살을 찌푸렸다. "길 가다 멈춘 유일한 사람. 나에게 뭔가를 해준 유일한 사람. 근데 도대체 왜 돌아온 거요?"

도무지 믿을 수가 없었다. '내가 유일하다고? 정말로?' 그런데 내가 돌아온 건 죄책감 때문이었다. '그럴 리가. 누구라도 한 번은 도와줬겠지… 설마.'

내가 입을 뗐다. "그게 그러니까, 아저씨가 내일까지 살아 있을지 모르겠다고 한 말씀과 예수님에 대해 한 말씀 때문인 것 같아요. 예수님이라면 이렇게 하셨을 것 같아서요." 이제 와 돌아보면, 질문에 대한 답이 좀 엉성했던 것 같다. 사전에 미리 준비해서 중요한 신학적 근거를 댔어야 했는데 말이다. 나는 새 친구의 기대에 부응하지 못했다고 느꼈지만, 그 사람은 적절한 답이었다고 생각했던 모양이다. 고개를 끄덕이며 음식을 한 움큼 입에 쑤셔넣었다.

    그는 입에 감자튀김이 한입인 채 "나는 하나님을 사랑해"라고 말했다. 나는 그의 말을 믿었다.

    집으로 돌아오는 내내 웃음이 끊이지 않았다. 이토록 살아 있는 느낌, 자유로운 느낌이 얼마 만인지. 이전에는 길거리에서 노숙자들을 만나면 그냥 지나쳤다. 대개는 그들을 무시하거나 못 본 척했다. 그게 현명하다고, 분별력 있는 처사라고 믿었다. 하지만 사실은 두려웠다. 오랫동안 공포심에 사로잡혀 옳은 일을 하지 못하고 있었다. 남들보다 나를 더 위하는 생활에 빠져 있었다. 하지만 그날 밤, 뭔가 변했다. 뭔가 선하고 진실한 것이 튀어나왔고, 나는 그것을 놓치고 싶지 않았다. 집으로 돌아오면서 하나님께 감사했다. 내가 놓칠 뻔했던 기회 때문에, 얼굴에서 떠나지 않는 미소 때문에. 내 혈관을 타고 흐르는 혈액 때문에. 미카가 오늘 밤 배불리 먹었다는 사실 때문에.

    그를 다시 보고 싶었지만 두 번 다시 만나지 못했다. 다음 날 저녁거리는 마련했는지 궁금했다. 그 다음 날도. 그 다음다음 날도. 그 사람 생각을 자주 했다. 지금 뭘 하고 있는지, 살아 있기는 한지. 그날 이후로 새로운 습관을 들였다. 주인아주머니에게 부탁해 점심 도시락으로 샌드위치를 두 개 싸 가지고 다녔다. 미카나 그와 비슷한 누군가를 만날 때를 대비해서다. 그런 일은 꼭 생겼다. 나는 온갖 종류의 사람들을 만났다. 전에는 있는지도 몰랐지만, 이제는 더 이상 무시할 수 없는 사람들. 대성당 계단에 앉아 있던 집시 여인, 박물관 앞 하지 마비 환자. 스페인계보다는 아랍계로 보였던 공원의 일가족. 드디어 내 눈에 그들이 들어오기 시작했다.

소외된 사람들이 북적이는 곳은 세비야뿐이 아니었다. 미국에 돌아와서도 이전에는 보이지 않던 사람들이 더 많이 눈에 띄었고, 내 주변의 낯선 사람들에 대한 부르심을 느꼈다.

구두닦이 예찬

내슈빌로 처음 이사 왔을 때는 직업이 없었다. 계속해서 면접을 보는 사이, 스트레스와 근심을 풀 겸 도심으로 산책하러 가곤 했다. 그때까지만 해도 구직에 별 소득이 없어서 평생 부모님 댁에서 살아야 하는 건 아닌지 걱정스러웠다. 그때만 해도 나에 대해서, 내 앞가림에만 정신이 팔려 있었다.

잔뜩 흐린 어느 날 오후, 번번이 구직에 실패하고 낙심한 상태였다. 뭔가 재밌는 일을 찾아 나서기로 했다. 일기예보에서는 비가 내릴 거라고 했지만, 무작정 길을 나섰다. 차에서 보니 노숙자들이 눈에 띄었다. 말을 걸거나 음식을 주거나 돈을 주거나 암튼 뭔가 해볼 작정이었다. 차에 편안히 앉아서 그런 생각을 했다.

　차를 대고 노숙자들을 찾아 나섰다. 그리 힘들지는 않지만 좋은 일을 해볼 심산이었다.

　옷차림이 형편없는 사람이 지나갔다. 하지만 그 사람은 구걸하지 않았다. '노숙자가 아닌가?' 버스 정류소에서 음식을 먹는 사내가 있었다. '집에 가려고 기다리는 중인지도 몰라.' 바로 그때 누더기를 걸친 사람들이 깔끔해 보이는 어떤 사람과 대화를 나누고 있었다. 선수를 빼앗겼다. 이후에도 여러 사람과 마주쳤지만, 이런저런 핑계를 대며 그냥 지나쳤다. 나는 나의 무관심에 실망한 나머지, 자책하기 시작했다. 주머니 속에 있던 잔돈 1.5달러는 주인을 찾지 못하고 내내 짤랑짤랑 소리만 냈다. 충동적인 선행이 되지 않기 위해 미리 금액까지 작정하고 나온 터였다. 어쨌든 "하나님은 즐겨 내는 자를 사랑하시지" 않는가 말이다. 나는 실패했다. 30분이나 돌아다녔지만 아무 성과를 얻지 못하고 낙심한 채 발걸음을 돌려 차로 돌아갔다.

　차를 댄 곳에 거의 다 와서 모퉁이를 도니 어디서 소리가 들렸다.

　"구두 닦으세요." 차분하고 부드러운 목소리였다. 고개를 들어 소리 나는 곳을 보니 한 사내가 무릎을 꿇고 있었다. 옆에는 검은색, 갈색 구두약과 칫솔 몇 개, 지저분한 헝겊 조각이 널려 있었다. 길모퉁이에 딱 들어맞는 아담한 가게였다.

"얼마죠?" 내가 수상쩍은 눈빛으로 물었다. 친절한 나는 어느새 사라져버리고, 이성이 다시 돌아왔다. 나는 백수에다 돈도 별로 없었다.

"마음에 드시는 만큼만 내세요." 하고 겸손한 대답이 돌아왔다.

'온유한 자는 복이 있나니.'

내 입에서 "좋아요"라는 말이 떨어지자 그는 작업을 시작했다.

먹구름이 잔뜩 끼더니 결국 비가 내리기 시작했다. 구두닦이 사내는 주변 물건들을 정리하더니 나더러 안으로 들어오라 했다. 나는 괜찮다고 했다. 그는 내가 괜찮다면 자기도 괜찮다고 했다. 구두닦이 사내 옆에는 다른 노숙자 한 사람이 앉아서 우리를 쳐다보고 있었다.

노숙자가 내게 말을 건넸다. "이 사람 구두 닦는 모습 난생처음 보네."

"뭐라고요?" 화들짝 놀라 물었다. 구두닦이 사내가 내 귀한 신발을 망칠까 싶어 아래쪽을 내려다봤다. 세비야 백화점에서 구입한 유명 브랜드 구두였다.

"내 말은 내가 여기 늘 있는데, 이 사람이 구두 닦는 모습을 처음 봤다 이 소리요." 나는 안심이 되어 빙그레 웃었다. 그는 손재주가 좋았다. 비가 조금 더 내리니 머리카락이 젖어 이마에 착 달라붙었다. 나는 머리카락이 얼굴을 뒤덮도록 그냥 내버려둔 채 피부에 닿는 시원한 감촉을 즐겼다.

빗방울이 그치자, 방금 내린 것은 따스한 늦여름 부슬비만이 아니란 생각이 들었다. 그날 오후, 자비가 내려왔다.

그 사람이 구두를 닦는 동안, 나는 감동을 받았다. 지나가는 사람들의 얼굴에서 언뜻언뜻 무시하는 표정이 보였지만, 대부분은 무관심했다. 사실은, 많은 사람들이 모르는 척했다. 이 사람들은 거지가 아니었다. 사람들에게 돈을 요구하지도 않았다. 행색은 초라해도, 얼굴에는 미소가 가득했다. 지나가는 직장인들에게 인사를 건네면 어쩌다 한 번씩 '으음' 하는 못마땅한 소리만 되돌아왔다. 현실이 그랬다. 그들은 보이지 않는 사람들이었다.

나는 구두닦이 사내에게 예정했던 1.5달러보다 더 많이 건넸다. 사실 지갑에 있던 돈을 거의 다 털었다. 지갑에 있던 돈을 다 주고 왔으면 좋았을걸.

그때 한계에 다다랐던 것 같다. 남들 눈에 안 보이는 것을 나도 안 보려 하는 데 신물이 났다. 합리적인 수준에서 베푸는 데 신물이 났다. 나만 잘되려고 애쓰는 데 지쳤다. 두려워하는 것도 이제 그만. 오늘 내가 만날 가장 중요한 것은 나의 문제들이라는 생각도 이제 그만. 나는 그 사람에게 감사를 전하고 그를 보내주신 하나님께 감사 기도를 드렸다. 예상치 못한 사람을 통해 나처럼 심령이 가난한 자에게 자비를 보여주신 하나님께 감사했다.

물론 그의 구두 닦는 솜씨는 예술이었다.

지금 머물러 있는 곳을 더욱 사랑하라

마더 테레사는 사랑의 선교회에서 일하고 싶다는 사람들에게 그냥 지금 사는 곳을 떠나지 말라고 조언하곤 했다. 대신, 그곳은 어디에나 있으니 그들만의 '캘커타'를 찾으라고 했다. 그곳을 알아볼 수 있는 눈만 있으면 되었다.

하루는 내슈빌 중심가를 걷다가 그 말이 무슨 뜻인지 깨닫게 되었다. 새로 이사 온 도시의 길거리를 걸으며 몇 달 전에 다녀온 멕시코 선교여행을 생각하던 중이었다. 나는 얼마 전부터 어느 국제단체에 취직이 되어 선교사들의 이야기를 쓰고 있었다. 그런데 6개월쯤 이 일을 하다 보니 슬슬 실망감을 느끼기 시작했다. 정작 **나는** 얼마나 위대한 이야기를 살고 있는가?

다시 외국에 나가 낯선 환경에서 선행을 하는 짜릿함을 간절히 바라고 있던 내 앞에 스티브가 나타난 것은 바로 그때였다. 나는 친구 폴과 거리를 걷다가 잠시 벤치에 앉아 쉬어 가기로 했다. 우리 등 뒤로는 강이 흐르고 미식축구팀 테네시 타이탄스의 홈구장 LP필드가 있었다.

스티브는 길 반대편에서 이쪽으로 얼쩡거렸다. 걸음걸이가 불안정하고 움직임도 어색했다. 우리가 인사를 하고 폴이 사과를 하나 건넸더니 고맙다며 받아 들었다.

강변에서 만난 다른 사람들과 달리, 스티브는 적극적으로 대화에 반응했다. 우리는 시카고 컵스에서부터 이탈리아 소고기 샌드위치, 긴 팔 속옷의 중요성까지 다양한 이야기를 나누었다. 아무리 내슈빌이라지만 겨울에는 추웠다. 스티브는 대학도 졸업했고 인디애나 주에 근사한 집도 있었지만, 약물을 끊지 못해 내슈빌에 치료차 와 있었다. 그런데 그만 1년 전에 병원 입원 절차를 밟는 과정에서 짐이 든 가방과 돈, 신분증을 도둑맞았다. 그렇게 그는 거리로 내쫓겼다. 거리는 그를 받아준 유일한 곳이었다.

그가 말한 대로라면 그랬다. 나는 마음 한구석에 의심이 들기도 했지만, 웬일인지 그의 이야기가 믿어졌다. 스티브가 두 아들 이야기를 할 때는 그의 눈빛에서 자녀들을 잘 건사하고 아이들을 위해 옳은 일을 하고 싶은 간절한 열정이 엿보일 정도였다. 그는 아이들에게 최고의 삶을 선물하고 싶었다. 그가 집을 떠나 있는 이유도 그 때문이었다. 하지만 성탄절에는 아이들을 보러 갈 거라고 했다.

오래전 스페인에서 만난 그 사람 이후로 이렇게 열정적으로 자기 이야기를 나누는 사람을 본 적이 없었다.

스티브는 우리에게 노숙자들의 생활을 말해줬다. 그는 눈짓을 하며 이렇게 말했다. "제대로만 하면 매일 밤 따뜻한 밥을 먹을 수 있죠." 그는 이 도시에서 최상의 음식을 얻으려면 언제, 어디로 가야 하는지 알려주었다. 무슨 비밀 이야기라도 되는 것처럼 보통 때보다 목소리를 낮추었다. 어쩌면 일급비밀이 맞는지도 모르겠다.

폴은 스티브에게 가장 필요한 게 뭐냐고 물었다. 그는 잠시 생각하는 듯하더니 아주 간단하면서도 꼭 필요한 물건을 말했다. 담요였다. 그의 대답을 들으니 스티브와 그의 동료들이 어디서, 어떻게 잠을 자는지 궁금해졌다. 그는 노숙자들의 잠자리를 설명하다가 갑자기 말을 끊더니 "잠깐만요. 한번 보러 가실래요?"하고 말했다.

폴과 나는 걱정 반 기대 반으로 두 눈이 휘둥그레져서 서로 쳐다보았다. 우리는 방금 사귄 이 노숙자 친구를 보고 주저하며 고개를 끄덕였다. 그는 과연 우리를 어디로 데려갈까.

우리 세 사람은 스프레이로 '죽음'이라는 글씨가 써진, 허리까지 오는 시멘트 바리케이드를 넘어 무성한 관목 숲을 지나 사람들이 자주 다녀 반반해진 길을 내려갔다. 도중에 몇 번이나 넘어질 뻔했는지 모른다. 우리는 컴벌랜드 강 강둑을 이루는 골짜기로 내려갔다. 아래로 내려가는 사이, 도시는 점점 시야에서 사라졌다. 무성한 덤불과 나뭇잎 사이를 헤치고 나아가니 상가와 술집들은 사라지고 또 다른 세계가 나타났다.

거기서 우리는 보았다.

우리가 조금 전까지 서 있던 거리를 지지하는 콘크리트를 깎아 만든 그것은 자갈과 철근으로 장식된 일종의 인조 동굴이었다. 그 안에 여섯 영혼과 그들의 살림을 위한 야영지가 있었다. 눈앞의 상황을 이해하려고 우리가 내려온 위쪽을 보니, 알 것 같았다. 우리는 지금 도시 지하에 있었다. 하수도는 아니지만 그보다 더 깊은 곳이었다. 우리는 내슈빌을 떠받들고 있었다.

깡통과 빈 병, 진흙이 잔뜩 묻은 옷가지가 흩어져 있었다. 종이, 담요, 해진 신발들이 널려 있었다. 앞으로 한 발을 내딛자 발밑에서 비닐봉지와 쓰레기가 구겨지는 소리가 났다. 영락없이 물 밖에 나온 물고기 신세였다. 우리 머리 수십 미터 위에 도시가 있었다. 나뭇잎 사이로 사람들이 지나가는 모습이 보였지만, 그들은 우리가 보이지 않는 게 틀림없었다. 설령 볼 수 있다 해도, 일부러 내려다볼 리 만무했다. 나도 그런 적이 없었으니까. 가드레일 너머로는 눈길조차 주지 않았다. 덤불 틈은 들여다볼 생각조차 하지 않았다. 그런 여유를 부리기에는 너무 바쁘고 정신없는 생활이었다.

내슈빌에 사는 노숙자들을 생각하면서 이런 모습을 떠올린 적은 없었다. 이런 공간. 이런 생활. 스페인에 다녀온 이후로, 나는 미카를 만났을 때와 같은 그런 만남을 기대했었다. 드디어 기다리고 기다리던 만남이 이루어졌는데, 모든 게 어리둥절했다. 노숙자는 부랑자처럼 목적 없이 거리를 떠도는 줄로만 알았는데, 노숙자에게도 집이 있다니. 직접 보고 있으면서도, 내 두 눈(과 마음)을 믿기 어려웠다. 어쩌면 이 광경은 노숙자들이 공원 벤치나 골목길에서 잠을 잔다는 생각보다 더 충격이었다.

스티브는 자랑스럽게 이곳저곳 안내하면서 여기서 어떻게 사는지 설명해주었다. 그러는 사이에 두어 사람이 숙소로 돌아왔다. 조지와 짐보였다. 조지는 영어를 잘 못했는데, 우리를 보자마자 그의 입에서 나온 첫 마디가 "세상에나!"였다. 그는 눈이 휘둥그레지고 볼이 발그레 져서 폴이 그를 껴안고 인사할 때까지 같은 말을 되풀이했다. "어쩌면 그 사람은 사람 손길이 그립지 않았나 싶어." 폴이 나중에 해준 말이다. 나는 조지(실제 이름은 호르헤였던 것 같다)의 부드러운 손과 악수를 했는데, 너무나 친근한 미소에 마음이 따스해졌다. 몇 년 전 세비야에서 마주쳤던 그 미소가 생각났다.

10분쯤 지나, 우리가 무슨 일을 저지르고 있는지 퍼뜩 깨달았다. 현실로 돌아오기 시작한 것이다. 우리가 있는 곳은 도로 밑 노숙자 숙소. 이 사람들은 마음만 먹으면 무슨 일이든 우리에게 할 수 있었고, 아무도 그 사실을 알 길이 없었다. 폴과 나는 서로 눈빛을 교환하고 알았다는 뜻으로 고개를 끄덕이고는, 할 일이 있어 이제 그만 가야겠다고 말했다. 우리 세상으로. 저 위쪽 세상으로. 하나도 무섭지 않았다고 말할 수 있으면 좋으련만, 사실은 떨렸다. 우리가 하고 있는 일이 얼마나 위험한지 잘 알았다.

우리가 떠나기 전, 스티브는 도시 곳곳에 강가를 따라 이런 공동체가 수도 없이 숨어 있다고 설명해주었다. 수십 명씩 동굴에 모여 사는 이들도 있다고 했다. 처음엔 믿기 어려웠지만, 나중엔 믿게 되었다. 어쨌든 우리는 이런 곳이 존재한다는 사실조차 모르고 있지 않았나?

스티브에게 다음 식사 장소까지 차를 태워주겠다고 제안하자 그는 흔쾌히 승낙했다. 그가 우리 차인 1990년식 뷰익 센츄리에 올라타자 비좁은 공간에 악취가 가득했다. 그 냄새는 도저히 무시할 수가 없었고 그가 떠난 후에도 한동안 계속 남아 있었다. 그와 헤어지고 난 후, 나는 희한하게도 그와 악수하면서 맞잡았던 내 손 냄새를 맡아보고 싶어졌다. 뭐라고 설명할 수는 없지만, 나는 이 특이한 체취가 사라지지 않았으면 했다. 특별히 그 냄새가 좋아서라기보다는, 잊고 싶지 않았기 때문이다. 어제까지만 해도 내 눈에 보이지 않던 그 세상을 기억하고 싶었다. 내가 가진 것이 얼마나 많은지, 내가 도울 수 있는 게 얼마나 많은지 기억하고 싶었다. 무엇보다도, 내게도 그 악취가 풍긴다는 사실을 기억하고 싶었다.

스티브를 만났다고 하면, 사람들은 내게 이런저런 이야기를 건넬 것이다. 노숙자의 4분의 3은 정신 이상자라거나, 대부분이 게으르고 술주정뱅이라는 이야기들 말이다. 정부에서 노숙자들을 잘 돌보고 있다는 식의 이야기도. 하지만 당신이 가난의 얼굴, 그 지저분하고 외로운 얼굴을 직접 목격한다면, 다 쓸데없는 이야기들이다. 도움이 필요한 누군가의 얼굴, 당신이 채워줄 수 있는 그 도움을 직접 보기만 하면 말이다.

스티브 같은 사람들은 날마다 다음 끼니를 어디서 해결해야 할지 알지 못한다. 이런 인간의 필요는 내가 알아차리기 훨씬 전부터 있었다. 그리고 앞으로도 이 도시의 지하 세계에서 계속될 것이다. 무심한 사람들이 날마다 걸어 다니는 그 거리 밑에서. 하지만 나는 그곳을 보여준 어느 한 사람과의 만남으로 이전에는 그 존재조차 알지 못했던 세계를 소개받았다. 그 사건은 나를 영원히 뒤바꿔놓았다.

우리는 멀찍이서 궁핍한 사람들을 보고 무시해버린다. 판단하고 정죄하고 잊어버린다. 생각조차 하지 않는다. 오랫동안 무시하는 습관을 기르다 보면 그런 필요를 더 이상 알아차리지 못하기 때문이다. 가난은 지하로 숨어버리고, 우리는 우리가 아는 지상 세계에 만족한다. 땅속 깊은 곳을 파볼 생각이 없다. 겉으로 보기에 괜찮으면, 우리 양심은 그것으로 만족한다.

마더 테레사가 옳았다. 캘커타는 어디에나 있다. 나는 결국 그 말을 믿게 되었다. 깊이 파볼 의향만 있다면, 뒷마당에서 캘커타를 찾으려는 의지만 있다면, 가난한 사람들은 얼마든지 보일 것이다. 하지만 우리는 하나님도 발견하게 될 것이다. 그분이 우리 눈을 열어주시면, 우리는 그 필요를 보고 금세 잊지 못할 것이다. 그들의 울부짖음을 듣고 귀가 먹지는 않을 것이다. 그들의 악취를 맡고 마음에 긍휼이 깨어날 것이다.

내게도 그런 일이 일어났다. 스페인에서 나는 변화되었다. 돌아가기로 한 선택. 그 중요한 선택 한 가지 때문이었다. 물론, 거기서 그치지 않았다. 내슈빌에서도 나는 내면의 음성에 계속해서

귀 기울였다. 그 음성은 내게 돌아가라고, 우리 중에 가장 작고 소외된 사람들을 주의해 보라고 말했다. 이런 행동들이 내가 일상을 살아가는 삶의 방식을 형성하기 시작했다.

    이 지하 세계로 들어가기가 쉽지는 않았다. 지금도 어렵기는 마찬가지다. 하지만 예전에는 무시했던 그 필요들을 깨달은 것은 중요하다. 인생의 중요한 교훈들이 다 그렇듯, 힘든 과정을 통해 교훈을 얻었다. 내 경우에는 기대감과의 싸움이 가장 힘들었다. 대학을 졸업할 때 모두들 내게 굉장한 일을 기대했다. 스페인어를 가르쳐주신 교수님들은 내가 유럽에 가서 학위를 마치길 바라셨다. 글쓰기를 가르쳐주신 교수님들은 내가 잡지사에 취직하기를 원하셨다. 하지만 나는 어느 것도 마음에 들지 않았다. 평범하게 살기에는 내 삶이 이미 무너져 있었다. 뭔가 더 큰 것을 고대했다. 그리고 아무도 가려 하지 않는 곳, 전혀 예상치 못한 곳에서 그것을 발견했다. 쓰레기더미와 시궁창, 이 세상의 쓰레기 집합소. 거기서 목적을 발견했다. 거기서 미카와 스티브를 비롯한 수많은 사람들을 발견했다. 거기서 평화를 찾고, 인생의 의미와 살아 있다는 것의 의미를 깨달았다.

    모든 사람이 이것을 바란다. 우리가 이 세상에서 하는 일에 의미와 목적이 있다는 것을 알기 원한다. 하지만 그것을 얻기위해 대가를 치르려는 사람은 거의 없다. 요즘에는 불편한 삶을 택하는 것이 설거지나 개 산책 정도로밖에 비치지 않는다. 동료에게 정면으로 맞서거나 균형 재정을 위해 여행 기회를 거절하는 형태를 띠기도 한다. 그래도 교훈은 같다. 당신이 가장 피하려 애쓰는 것이 당신의 자기 중심성을 해결해 줄 방법일 때가 많다. 이 사실을 깨닫자 내 소명을 더 깊이 이해하게 되었다. 소명은 어떤 특별한 행동이 아니라, 내 느낌과 상관없이 옳은 일을 하는 불편함을 뜻했다.

이메일이 하나둘씩 쌓이고 세상을 구하는 일이 지루한 일과로 느껴지는 날이면, 내가 이 일을 선택하지 않았음을 기억해야 한다. 이 일이 나를 선택했다. 스페인의 어느 밤, 엉터리 영어로 이 소명이 내게 소리쳤다. 그날 이후 나는 그것을 무시할 수 없었다. 정말 다행이다.

WRECKED

5장
헌신하라

Wrecked

"때로는 가장 힘든 일과 옳은 일이 같을 때가 있다."
... 더 프레이 The Fray ...

나는 집을 떠나보는 것, 당신을 무너뜨리는 체험을 하는 것이 중요하다고 믿는다. 난생 처음 익숙한 것을 떠날 때 그 사람의 인생에서 벌어지는 일에 변화라는 묘미가 있다. 하지만 같은 자리에서 꾸준히 견디는 것도 매우 가치 있는 일이다. 전자만 경험하고 후자를 소홀히 한 사람이라면, 이제는 좀 더 장기적으로 헌신해야 할 때인지도 모른다.

나는 헌신에는 소질이 없다. 내 인생 최대의 실패다. 스페인에 있을 때 엄마에게 공중전화로 전화를 걸어 성탄절에 집에 못 갈 것 같다고 말씀드렸다. 전화를 건 날은 하필이면 추수감사절이어서 엄마 기분이 썩 좋을 리 없었다.

헌신과 거리가 먼 이런 태도는 성인이 되고도 한동안 나를 따라다녔다. 일리노이에서 테네시로 이사한 후 시간제 일자리를 얻어 여자 친구에게 청혼했다. 새 도시에서 6개월 살고 나니 이제 인생의 새로운 단계로 접어들 준비가 되었다. 걱정과 염려가 스멀스멀 몰려왔다. 온갖 의심이 나를 괴롭혔다. '잘못된 선택이면 어떡하지? 뭔가 다른 세상이 나를 기다리고 있으면 어떡하지? 그때는 어떡해야 하나?'

우리 사회는 헌신을 격려하는 데는 젬병이다. 주변에서는 온통 안락함과 편리함만 이야기한다. 줄이 너무 길면 중간에 포기해라. 배우자가 못살게 굴면 이혼해라. 네 인생의 주인공은 바로 너다. 네가 원하는 것을 해라. 네게 중요한 것들에 헌신하고, 더 이상 관심이 없으면 옮겨라. 이것이 요즘 사고방식이다.

문제는 그것이 헌신이 아니라는 것이다. 훌륭한 인생도 아니다.

세상에는 늘 뭔가가 더 있기 마련이다. 다른 할 일, 짜릿함을 안겨줄 체험은 늘 있다. 하지만 나는 다른 모든 가능성을 포기하고 한 가지 계획을 붙잡는 것이 어렵기는 해도, 헌신에는 어마어마한 가치가 있음을 발견했다. 직업, 배우자, 소명 등 뭔가에 헌신하는 것은 성품과 신실함, 훈련과 명예에 대해 가르쳐주었다. 다른 가능성들을 포기하고 생명을 주는-다른 짜릿한 경험들은 불가능하다-한 길을 꾸준히 걷는 과정에는 뭔가가 있다. 그 길에서 아무리 발버둥치며 반항하더라도, 그 덕에 난 헌신에 더 적합한 사람이 된다.

루이스C. S. Lewis는 이것을 "차분한 사랑"[18]이라고 했다. 나비들은 다 날아가 버리고 입 냄새와 거슬리는 습관들만 남았을 때 더 깊은 공감과 이해로 대체되는 사랑이다. 이것은 우리가 사랑하는 모든 것, 즉 일과 놀이와 관계에 모두 적용된다.

소명 연습

처음 기타를 배우기 시작했을 때 얼마나 싫어했는지 모른다. 중간에 여섯 번이나 그만뒀다. 지미 페이지Jimmy Page처럼 멋지게 프렛보드를 뜯고 싶었는데, 아빠(내 기타 선생님이셨다)는 조용히 이렇게 말씀하시곤 했다. "G코드부터 배워야지." 듣기 싫은 소리였다. 고통스러운 연습 과정은 건너뛰고 곧바로 멋진 연주만 하고 싶었다.

중간에 포기하기를 여러 차례, 드디어 기타 연습에 돌입했다. 연주 실력이 점점 좋아졌고, 얼마 안 있어 근사한 솔로 연주도 거뜬히 해냈다. 대학 졸업과 동시에 밴드를 조직해 전국을 돌며 매일 공연을 했다. 1년쯤 그렇게 살았다. 그 기간에 중요한 교훈을 배웠다. 뭔가를 하겠다고 말하는 것과 그 일에 인생을 바치는 것은 다르다는 것이다.

공연을 하면서 내 기대 이상으로 기타 실력이 늘었다. 희한한 것은 내가 연주를 잘하려고 일부러 애쓰지 않았다는 점이다. 밴드 운영과 관련된 다른 업무가 너무 많아서, 연주에 열정을 품었다기보다는 일처럼 느낀 것이 사실이었다. 하지만 다른 선택권이 없었다. 좋든 싫든 날마다 연주를 해야 했다. 그 결과, 의도하지 않았지만 연습이 된 것이다. 우리가 부름 받은 모든 일도 마찬가지다. 열정이 식은 후에도 우리가 버틸 수 있는 것은 바로 연습 때문이다.

이것이 헌신의 열매요, 어려움을 견디는 게 가치 있는 이유다. 무언가에 헌신할 때 당신이 사랑하는 것을 연습할 기회가 된다. 그러면 결국 그것에 능숙해질 것이다. 심지어 당신도 모르는 사이에.

헌신의 세 단계

헌신에는 세 단계가 있는데, 소명을 발견하고 풍성한 삶을 누리기 위해서는 이 세 단계를 반드시 통과해야 한다. 헌신의 의미는 인생의 단계마다 조금씩 다르다. 어릴 때는 부모가 하는 말에 헌신한다. 그분들이 당신의 부모이고 그렇게 해야 마땅하기 때문이다. 고등학교와 대학교에서는, 한 학기 이상 지속되는 일에는 헌신하기 어렵다. 환경이 너무 빨리 바뀌기 때문에 불확실한 일에 불필요하게 엮이는 것은 어리석은 일이다. 어른이 되면 헌신은 또 다른 양상을 띤다. 인생의 단계마다 우리는 헌신의 의미를 다시 배워야 한다.

헌신의 첫 번째 단계는 모험이다. 이 기간에는 헌신의 대상에게 느끼는 순수한 흥분 때문에 헌신한다. 세계를 여행하는 사람들과 최고의 직장을 그만둘 수 있는 사람들이 이 부류에 속한다. 모험 때문에 먼 곳으로 이사를 할 수도 있고, 미련 없이 남자 친구와 헤어질 수도 있다. 이런 종류의 헌신은 중요한데, 이 때문에 인생의 다양한 기회를 폭넓게 체험할 수 있기 때문이다. 이런 모험 덕택에 당신은 넓은 세상을 보고 다양한 직업을 탐색하고 전에는 해본 적 없는 일을 해볼 수 있다. 그런 일들이 기분 좋게 느껴지는 동안에는 말이다. 그러나 이것은 일정 기간에 한해서만 건전할 뿐이다.

평생 이런 종류의 헌신만 고집하면 문제가 될 수 있다. 성장하고 성숙할수록 이런 삶의 방식이 불만족스럽고 미숙하게 느껴질지도 모른다. 내가 그랬다. 1년간 차에서 살면서 이 도시 저 도시를 떠돌고 나자, 이런 뜨내기 삶에 지쳐버렸다. 여러 가정을 지켜보고 여러 가족과 함께하면서 이제는 더 안정적인 삶에 준비가 되었다. 잠시 동안은.

헌신의 두 번째 단계는 단기 헌신이다. 초기의 흥분이 잦아든 이후에도 좀 더 장기간 그 대상에 헌신한다. 씨앗을 심고 씨앗이 자라는 모습을 지켜볼 정도로 오래 머문다. 어떤 직장이나 집회에 자리를 잡는다. 그 장소가 뭔가 특별하기 때문이다. 특정한 사람들과 인생을 통과하면서 그들을 많이 알아간다. 이것은 일시적이다. 헌신 기간이 끝나면, 다른 대상으로 이동한다. 한철이 끝나면 헌신도 마무리된다.

이것은 많은 사람들이 소홀히 하는 헌신의 중요한 차원이다. 사람들은 제멋대로 살다가 갑자기 가족을 꾸린다. 의도치 않았지만 그리되는 때도 있다. 대학 문을 나서자마자 직장에 취직하기 때문에 자신들에게는 인생의 다양함을 볼 기회가 없었다고 생각한다. 하지만 단기 헌신을 경험한 사람은 별다른 상처 없이 청소년기와 성인기의 간격을 건넌다. 단기의 기준은 사람마다 다르다. 어떤 사람들에게는 5개월도 되고, 어떤 사람들에게는 5년도 된다. 내가 거리에서 보낸 1년도, 더스틴이 과테말라에서 보낸 2년도 한철이었다. 핵심은 그 기간이 (당신에게 헌신을 가르친다는) 목적에 들어맞으며, 확실한 끝이 있다는 것이다.

헌신의 세 번째 차원은 결혼이다. 결혼은 성숙의 가장 높은 차원을 드러내는 장이 된다. 물론, 실제 결혼생활에서만 이런 헌신이 나타나는 것은 아니지만, 결혼이 영원한 것처럼, 어떤 종류의 헌신도 그렇다. 바라건대, 당신의 소명도 이 범주에 속하길. 직업은 변하지만, 소명, 즉 평생의 일은 일관성이 있어야 한다. 당신이 거기에 헌신할 수 있어야 한다. 그렇다면 그 일이 당신의 소명인지 어떻게 알아볼 수 있을까? 그 점에서는 내 아내 애슐리가 좋은 본보기가 될 것 같다. 아내는 어떤 일을 시작할 때 그 일을 '결혼'처럼 생각한다. 만일에 대비해 철수 전략을 세우거나 다음 단계를 고려하지 않는다. 아내의 사전에 징검다리란 없다. 아내에겐 대안이 없다. 물론, 승진 기회나 그에 따른 다른 대안들에는 열려 있다. 그런 것들을 미리 계획하지 않을 따름이다. 아내는 그녀의 어깨너머로 더 좋은 기회를 노리는, 비슷한 또래의 사람들과는 많이 다르다. 아내는 자신이 평생 한 직업만 가질 거라고 믿지 않는다. 그저 늘 다음만 생각하는 태도는 현재 일에 방해가 되고, 지금 있는 곳에 충실하지 못하게 한다는 사실을 인지하고 있을 뿐이다. 일부(전부는 아니더라도) 헌신에 대해 '결혼'과 같은 태도를 보이는 것은 신실한 사람이 되기 위한 건강한 발걸음이라 할 수 있다.

인생의 다음 계절로 들어가기

모험을 계속할 때 가장 어려운 부분은 집으로 돌아가는 것이다. 『반지의 제왕』의 프로도와 그의 친구 샘와이즈도 같은 어려움을 겪었다. 두 사람은 원치 않던 모험으로 부름을 받고 안전한 샤이어를 떠나 모르도르의 땅으로 가서 절대반지를 파괴하고 그 땅에서 악을 근절한다(적어도 그들 생각으로는). 그런데 집으로 돌아와 보니 사루만의 공격으로 고향은 초토화되어 있다. 또다시 영웅들이 처리해야 할 문제가 생기고, 이번에는 샘이 나선다.

대다수 사람들은 이 이야기의 주인공이 프로도라고 생각한다.

반지를 찾아 파괴한 사람은 프로도가 아니던가. 그러나 신실한 친구의 도움이 없었다면, 프로도는 절대 성공하지 못했을 것이다. 이야기의 끝까지 등장하는 인물은 바로 샘이다. 샘이 그 혼돈의 세계에 질서를 가져온다. 프로도가 항해를 떠나고 나서, 샘은 결혼하고 시장이 되어 남은 평생을 샤이어에서 살아간다. 그는 자신이 자란 곳에 질서와 평화를 심는다.

모든 모험에는 반드시 끝이 있다. 나는 샘의 남은 인생이, 프로도와 함께 반지를 파괴했던 둠산 꼭대기에서의 모습과는 많이 달랐을 거라고 확신한다. 불을 내뿜는 괴물들도, 도끼를 휘두르는 난쟁이들도 많이 만나지 못했을 것이다(한둘은 만났을 수도 있지만). 그의 남은 인생은 꽤 평범하고 그도 그런 삶에 만족했을 것이다.

모험이 끝날 때, 이것이 무너짐에서 가장 어려운 부분이다. 언젠가는 모험이 끝난다. 당신이 아프리카에 정착해서 아이를 품에 안고 진흙 움막에서 살게 될지라도, 모험심은 결국 사라질 것이다. 아프리카 생활도 사무실에서의 평범한 하루와 똑같이 느껴진다. 그래도 괜찮다. 오히려 자연스러운 일이다. 삶이란 원래 그런 것이다.

우리 모두는, 모험을 떠나 무너짐을 경험하지 못한 사람들에게 무슨 일이 벌어지는지 보았다. (부모나 또래 중에) 중년의 위기를 겪는 사람들을 보았다. 그들은 무너지는 경험 없이 곧바로 헌신해 버렸는데, 그것이 사람들을 망친다. 어떻게 헌신해야 할지 모르기 때문이다. 그들은 남은 평생 청춘을 다시 살리고, 삶이 그들에게서 앗아간 꿈들을 다시 붙잡으려고 애쓴다. 모험을 하고 나서 헌신해야 하는 이유가 그 때문이다. 우리보다 더 큰 세계를 보고 그 때문에 산산조각이 나는 경험을 해야만, 좋은 일을 하는 데 집중할 수 있다. 샘와이즈가 그랬고, 우리도 그렇게 해야 한다. 모험이 끝나는 곳에서 무너짐은 시작된다.

언젠가는 당신도 헌신할 날이 온다. 직장을 잡을 수도 있고, 결혼할 수도 있다. 한 교회에 정착하거나 집을 살 수도 있다. 그것이 무슨 일인지가 중요한 것이 아니라, 당신이 한곳에 정착할 수 있음을 보여주기 위해 뭔가를 한다는 사실이 핵심이다. 이제 막 일생일대의 체험을 한 사람에게는 이 말이 시원찮게 들릴 수도 있지만, 이것이야말로 당신에게 꼭 필요한 것이다.

혼자 하지 마라

스티브와 그가 사는 내슈빌 지하 공동체를 만난 이후, 나는 일주일에 한 번씩 도심에 나가기 시작했다. 그렇게 몇 달간 꾸준히 봉사하다 보니, 내가 하는 일이 진짜 효과가 있는지 궁금해졌다. 그러다가 하루는 그렇지 않다는 걸 깨달았다.

나는 내슈빌 도심의 강변 공원에 있는 노숙자 친구들을 찾아가곤 했다. 매주 토요일 점심마다 핫도그를 주면서 이 친구들과 친해졌다. 그렇게 알고 지낸 지 몇 달이 되고, 우리는 친구가 되었다. 그래서 제임스가 잔돈을 요구했을 때 나는 조금도 의심하지 않았다. 주머니에서 85센트를 꺼내 건넸고, 그는 고맙다고 인사했다. 10분 후에 다시 나타난 그의 손에는 술병이 들려 있었다. 가슴이 덜컹 내려앉았다. 제임스는 커다란 맥주병을 들고 종종걸음으로 자기 친구들 쪽으로 걸어가면서 내게 고개를 끄덕여 보였다. 그의 얼굴에 희색이 돌았다.

나는 속으로 생각했다. '잘했군. 술주정뱅이에게 술을 안겼네.' 이제 끝이야. 진저리가 났다. 나는 실망과 좌절에 빠져서 물건들을 챙겨 집으로 돌아가기로 했다. 더 이상은 못 참겠다. 내가 지난 몇 달간 이 사람들을 도우려고 얼마나 애썼는데 전혀 달라진 게 없었다. 진전이 없었다. 뭔가 과감한 조처가 필요했다. 내가 두려워했던 일. 나는 쉼터에 가기로 작정했다.

나는 이전에 무료 급식소에서 인생이 뒤바뀌는 체험을 했기 때문에 노숙자 사역에는 동참하지 않았다. 사실은 정반대였다. 나는 거리에서 사람들을 만나 마음이 무너졌고, 그들을 좋아하게 되었다. 서로 친구가 되면서 나는 그들이 인생과 사람들, 자신들을 도우려 애쓰는 기관들을 어떻게 생각하는지 알게 되었다. 그들에게서 흔히 볼 수 있는 한 가지 태도는 분명했다. 거리의 사람들은 구세군이나 다른 사역 단체들을 거의 신뢰하지 않았다. 친구들은 내게 충격적이고 끔찍한 이야기들을 해주었다. 그 덕에 나도 그런 기관들을 그다지 좋아하지 않았다. 하지만 지금 나는 지푸라기라도 잡고 싶은 심정이었다. 도대체 어떻게 해야 할까? 그래서 친구들의 말이 사실인지 알아보려고 한 선교회를 찾아갔다. 나는 그곳에 가보고 깜짝 놀랐다. 깨끗한 침대. 맛있는 음식. 친절한 직원들. 이곳이 정말 노숙자 친구들이 말해줬던 흉악한 소굴이란 말인가? 위험하고 속이는 것은 눈을 씻고 찾아봐도 없었다.

처음에는 의심의 눈초리로 본 것이 사실이다. 하지만 몇 주간 방문하면서 그곳 사람들을 유심히 살핀 결과, 내가 길거리에서 보낸 지난 6개월보다 좋은 일이 훨씬 더 많이 일어나고 있었다. 영향력과 삶의 변화를 더 많이 목격했다. 내 자존심은 버려야 했다. 이들을 오해하고 있었음을 인정해야 했다. 나 혼자서는 노숙자들을 섬길 수 없었다. 도움이 필요했다. 공동체가 필요했다. 이 문제를 함께 풀어나갈 전우들이 절실했다.

화요일마다 선교회에서 봉사를 시작했다. 1년간 매주 화요일.

다른 사람의 꿈을 도와주기

선교회에서 봉사를 시작할 무렵, 또 다른 비영리 기관에서도 일을 시작했다. 그 일을 오래 할 거라고는 생각하지 않았다. 그때까지 거친 일들은 하나같이 6개월에서 12개월 정도 지속한 것이 고작이었기 때문이다. 하지만 얼마 안 돼 내 예상보다 더 오래 있을 것 같은 예감이 들었고, 몇 년이 채 되지 않아 그곳에서 내 꿈을 다시 생각해볼 수 있게 되었다. 그 일이 내 직업이 될 줄 알았더라면, 그렇게 덜컥 시작하지는 않았을 것이다.

내 첫 번째 프로젝트는 선교사들의 이야기를 들려주는 온라인 잡지를 만드는 것이었다. 그다음에는 멕시코로 단기 선교를 가서 세계 여행을 하는 젊은이들의 이야기를 수집했다. 나는 열닷새간의 이 여행이 내 인생에서 또 다른 모험의 계절을 불러오리라고 확신했다. 나는 마추픽추와 중국의 만리장성, 아프리카를 떠올렸다. 1년 이내에 그곳들을 다 돌아보리라. 대단한 여행이 될 것이다. 어쩌면 여행 책을 낼 수도 있겠지.

하지만 나는 예상 밖으로 실망하고 말았다. 나에게 주어진 것이라곤 수많은 스프레드시트와 조지아 여행(우리 단체의 베이스캠프가 있는 곳), 500달러짜리 새 노트북뿐이었다. 내가 기대했던 모험과는 사뭇 달랐다.

그런데 왜 나는 그곳에 남았을까? 월급 때문은 아니었다(오히려 내 월급은 내가 모금해야 했다). 나보다 더 큰 무언가의 일부가 될 수 있는 기회, 비전과 기회를 따라갈 수 있는 기회 때문이었다. 예전처럼 세계 구석구석을 누비는 여행에 동참하지는 않았지만, 그보다 더 좋은 것을 얻었다. 다른 사람의 꿈을 도울 수 있는 기회였다.

오늘날 미국 문화에서는 도제라는 개념을 찾아보기 어렵다. 이전 세대와 달리, 요즘에는 젊은이들이 장인의 리더십 수하에 들어가 배울 기회가 없다. 직장이든, 가정이든, 교회든 대다수 사람들은 이런 개념이 낯설다. 그 대신, 우리는 응용력이 떨어지는 교육 기회를 대량으로 제공하고 높은 기대를 품는다. 피터팬 세대의 출현은 전혀 이상한 일이 아니다. 그런 젊은이들은 단기 일거리를 전전하며 방황하고 성장이 더디다.

첫해에는 일이 무척 힘들었다. 나는 전세계에 흩어진 선교사 50명을 (이메일과 인터넷으로) '추적'하면서 그들의 이야기를 들려주어야 했다. 사람들에게 내가 무슨 일을 하는지 말해주면 대부분은 이렇게 물었다. "와, 멋지네요. 여행도 다니세요?"

그러면 나는 눈을 굴리면서 이렇게 대답하곤 했다. "아니요. 더 멋진 일을 하죠. 블로그에 글을 쓴답니다." 절반은 빈정대는 투였다. 한편으로는 내 일이 마음에 쏙 들었지만, 다른 한편으로는 모험을 바라는 마음도 간절했다. 이기적인 마음에, 왜 나는 내가 전달하는 이 놀라운 이야기들을 직접 체험할 수 없는지 의아할 뿐이었다. 어느 날 밤, 한 꿈을 꾸기 전에는 그랬다.

꿈속에서, 드디어 나는 어딘가로 떠났다. 아프리카의 우리 팀을 한 군데 방문했는데, 내 상사인 세스가 거기 있었다. 나는 사람들이 미소와 하이파이브로 맞아주기를 기대하는 심정으로, 예고 없이 깜짝 방문을 했다. 하지만 사람들의 표정은 하나같이 이상했고, 세스는 이렇게 말했다. "제프, 여기서 도대체 뭐하는 겁니까? 당신은 여기 있으면 안 되는데." 나는 눈살을 찌푸렸지만, 크게 낙

담하지 않았다. 사무실을 돌면서 직원들에게 내가 어떻게 거기 와서 일하게 되었는지 말해주었다. 하지만 사람들의 반응은 다 똑같았다. "여기서 뭐 하세요? 당신은 여기 있을 사람이 아니에요!" 그래서 나는 집으로 되돌아왔다. 내게는 다른 역할이 있는 게 틀림없었다. 그렇게 땀에 흠뻑 젖은 채 잠에서 깼다. 5년이 지났지만, 아직도 그 꿈이 생생하다.

그때 이후로 여행 기회가 몇 번 더 있었지만, 나의 일상은 대부분 전화와 이메일과 회의의 연속이다. 외부 사람이 보기에는 평범하기 짝이 없다. 하지만 내게는, 지금 내게 주어진 더할 나위 없이 만족스러운 일이다. 내가 이 일을 하는 이유는 몇 가지가 있다. 첫째, 나는 모험은 그 자체가 목적이 아니라 더 큰 목적을 위한 수단에 불과함을 배웠다. 둘째, 일이 지루하게 느껴질 때면(틀림없이 그리된다) 나는 지금 자기 훈련 중이라고, 즉 긴 기쁨을 위해 짧은 만족을 잠시 연기하는 법을 배우는 중이라고 스스로 다짐한다.

상사를 모시고 (내가 신뢰하는) 그의 리더십에 복종하면서, 꿈의 실현이 어떤 것인지 직접 보고 배운다. 조직을 경영하며 수많은 직원을 이끌면서도 마음과 영혼은 가장 중요한 것에 뿌리박고 있어야 하는 복잡다단한 리더의 삶을 이해하게 된다. 가끔은 훈련처럼 느껴지기도 하지만, 대부분은 선물 같다. 나는 이 일을 다음 단계를 준비하는 과정으로 여긴다.

내 친구 알렉스 론지노Alece Ronzino는 헌신의 힘을 잘 안다. 그녀는 그 힘을 온 삶으로 보여준 몇 안 되는 사람이다. 알렉스는 비영리 기관들이 자기 이야기를 잘하도록 돕는 일을 하지만, 늘 그 일만 했던 것은 아니다. 그녀는 자신이 세운 '스라이브 아프리카'Thrive Africa를 통해 10년 넘게 아프리카 선교사로 섬겼다. 열다섯 살 때 보츠와나 시골 지방으로 여행을 간 것이 계기가 되었다. 거기서 보낸 2개월의 시간이 알렉스의 삶을 뒤바꿔 놓았다. 알렉스가 직접 쓴 글을 한번 읽어보라.

바깥보다는 실내를 더 좋아하는 롱 아일랜드 출신 도시 소녀는 여름 동안 모닥불에 요리하고 열흘에 한 번 목욕을 하며 텐트에서 지냈다. 야영 생활이 아주 좋았다! 남부 아프리카의 아름다운 사람들이 내 마음을 사로잡았다. 이곳에 다시 돌아와 좀 더 오래 머물고 싶어졌다. 그해 여름은 말 그대로 내 삶의 모든 궤적을 바꿔 놓은 분수령이 되었다. 하나님이 내 마음을 무너뜨리셨다. 나는 선교와 아프리카, 그분께 온전히 복종하는 삶에 마음을 드렸다.

어디서 많이 들어본 이야기이지 않은가? 단기 선교여행을 간 아이가 자신이 누리는 수많은 특권에 죄책감을 느끼고 세상을 바꾸기로 결심한다. 매년 미국의 수많은 십대와 청년들이 그렇게 한다. 하지만 그다음에 벌어진 일이 남달랐다. 알렉스는 많은 사람들이 하지 않는 일을 했다. 돌아가기로 결심한 것이다. 알렉스는 옳은 일에 헌신하고 그 결과를 끝까지 지켜보기 위해 대가를 지불하는 힘든 일을 하기로 결단했다. 그는 첫 번째 여행에서 돌아온 후 벌어진 일을 다음과 같이 묘사했다.

나는 첫 번째 아프리카 여행에서 돌아오는 비행기에서 내리면서 부모님께 이렇게 말씀드렸다. "다시 갈래요!" 그다음 해 여름에 다시 아프리카에 갔고, 고등학교를 졸업하고는 단기 선교를 함께 갔던 선교회의 1년짜리 인턴 프로그램에 참여했다. 그곳에서 나는 그 단체가 남아프리카 공화국 첫 번째 선교여행을 계획하고 그다음 해 여름에 실제 선교여행을 다녀오기까지의 전 과정을 도왔다. 그 여행은 남부 아프리카 지역에 장기 선교사로 나가고 싶은 꿈과 열정을 더욱 강하게 심어주었다. 나는 인턴 프로그램을 마치고 뉴욕에 있는 집으로 돌아와 자금을 모은 후, 꽉 찬 짐 가방 두 개와 믿음보다는 어리석음과 순진함이 앞섰던 마음으로 남부 아프리카로 향했다.

그 당시 알렉스의 나이 열아홉이었다. 이후로 10년 동안 그녀는 아프리카 선교사로 섬기면서 그 지역 리더들이 자기 공동체에서 변화를 일으키도록 도왔다. 알렉스는 가치 있는 인생을 살고자 하는 수많은 젊은이에게 영감과 도전이 된다. 그 대가는 이것이다. 그녀는 그 일을 하기 위해 자기 삶을 내려놓아야 했다.

알렉스는 첫 번째 아프리카 여행에서 무너졌지만, 실제 변화가 생긴 것은 집으로 돌아와 지내는 동안이었다. 구름에서 내려와 혼란스러운 현실을 붙잡을 때. 선교여행을 삶의 방식으로 정착시킬 때. 가난과 고통 가운데 있는 사람을 지나쳤다 되돌아갈 때. 늘 변화가 생긴다. 진정한 변화는 헌신할 때 일어난다.

선교여행을 갈 때마다 십대들이(때로는 후원하는 어른들도) 늘 같은 맹세를 하는 모습을 본다. "내년에 꼭 다시 올게요!" "이 지역을 입양할 겁니다!" "여러분을 위해 매일 기도할게요!" 다 훌륭한 약속이지만, 결심은 아니다. 비행기에서는 중요한 결정을 내릴 수 없다. 저 위는 객실 압력도 낮고 현실적인 사고도 힘들다. 진짜 결정은 알렉스처럼 하는 것이다. 비행기에서 내리면서.

갈등 가운데 인내하기

고차원의 헌신은 보기 드물다. 자존심과 시간, 재원 등 너무 많은 것을 희생해야 하기 때문이다. 솔직히 말해서, 별 가치가 없는 관계와 일자리도 있다. 대개는 뒤돌아보지 말고 당신의 시간을 투자할 만한 다른 사람이나 일자리를 찾아보는 게 최선이다. 그러나 매우 특별한 경우에는, 인내해야 할 때도 있다.

우리 문화는 매우 이기적이고 소비 주도적이기에, 일과 관계에 접근할 때는 우리의 무책임한 성향을 수정하여 오히려 헌신된 자세를 기본으로 해야 할 것 같다. 나는 가까운 친구들에게서 그런 모습을 잘 볼 수 있었다. 옮기기 가장 쉬울 때, 껄끄러워서 우정을 내던지기 쉬울 때, 우리는 그 관계에 남기로 결심했다. 나와 내 친구 더스틴에게도 그런 습관이 있다. 우리는 대학교 새내기 이후 줄곧 친구로 지내면서, 최악의 순간과 최고의 순간을 함께했다. 유럽 여행을 같이 갔고, 텍사스로 장거리 자동차 여행을 함께 가기도 했다. 서로의 결혼식에 들러리도 섰다. 몇 년마다 우리 우정이 시들해진다 싶으면, 둘 중 한 사람이 관계를 되살리기 위해 일을 꾸미곤 한다.

더스틴과 크리스틴 부부가 결혼하고 오클라호마에 정착한 지 3개월쯤 되었을 무렵, 두 사람은 내가 사는 내슈빌까지 11시간이나 차를 몰고 와 깜짝 생일파티를 해주었다. 힘들고 돈도 많이 들었겠지만, 내게는 어마어마한 감동이었다. 이것이 우정에서 가장 힘든 부분, 녹록지 않지만 간과하기 쉬운 부분이다. 하지만 이런 것이 지루한 일상을 살맛 나게 해주지 않던가. 전혀 예상치 못한 감사 쪽지. 호의. 깜짝 데이트. 다른 사람들이 보기에는, 필요 이상의 축복. 한 마디로 은혜다.

헌신은 힘들다. 나를 위해서라도 그렇게 인정해야 할 것 같다. 헌신은 때로 고통일 수 있다고. 사실, 헌신이란 원래 그런 것 아닌가. 충만한 인생이 고통당하는 세상의 힘든 부분을 피하지 않는 것이라면, 거기에는 우리가 헌신하지 않았으면 무시하고 넘어갔을 복잡다단한 일상과 평범한 관계들 사이에서 묵묵히 견디는 고통도 포함된다. 거기서 좋은 것을 발견할 수 있다. 우리를 위해 믿기 어려운 희생을 보여준 사람들에게서 이해받는 기쁨을 발견할 수 있다. 하지만 헌신하지 않으면, 이곳저곳을 전전하기만 하면 이 기쁨을 알지 못한다. 당신을 위해서가 아니라면, 상대방을 위해 헌신하라. 자기를 생각해서 몇 시간이고 운전해 오기만을 기다리고 있는 그 사람을 위해.

성장하려면 헌신해야 한다. 간단하다. 헌신은 한 철로 시작한다. 교회에 등록하거나 특정 교육을 받기 시작한다. 그러다가 생각보다 더 오래 머문다. 떠나고 싶은 충동을 억제하고, 장기적으로 머무는 게 가치 있으리라고 스스로에게 말한다. 그리고 정말 그렇게 된다. 힘들어질 때 (계속하는 게 당신에게 해롭지만 않다면) 쉽게 그만두지 마라. 그러면 성장한다. 이전에는 경험해보지 못한 놀라운 성장이 있을 것이다.

6장
헌신의 열매

Wrecked

"관중석이나 주차장에 있느니,
차라리 경기장에서 황소에게 밟히는 편이 낫다."
... 스티븐 프레스필드Steven Pressfield ...

내가 전부가 아닌 삶을 한번 맛보았다면, 그 체험이 당신을 무너뜨릴 수 있다. 그것은 우리 시대의 '나 먼저' 문화와 너무나 대조적이기에, 당신의 세상을 완전히 뒤집어 놓을 수 있다. 이를 경험한 사람들은 스스로 부적응자라고 느낄 수밖에 없다. 그들은 세상 만물이 돌아가는 이치가 불만족스럽다. 의미 있는 인생을 체험하고 싶어 한다. 안절부절못한다. 한번 무너진 그들은 뒤돌아볼 수가 없다. 한편으로 이것은 건전하고 유익하지만, 다른 한편으로는 마음이 흐트러지고 핵심을 놓치기 쉽다. 결국, 안절부절못하는 불안한 상태로는 부족하다.

현 상태에 대한 걷잡을 수 없는 불만족은 무모한 생활방식을 낳을 수 있다. 그런 사람들은 한 장소나 사람에 꾸준히 헌신하지 못하고 스릴을 찾아 이런저런 모험을 전전한다. 나는 이런 모습을 너무 많이 목격했다. 당신 인생은 당신이 찾아 헤매는 모험보다 훨씬 더 큰데, 그런 모습을 보면 너무 안타깝다. 내 말은 세속과 격리되어 살아야 한다는 뜻이 아니다. 오히려 그 반대다. 진정으로 무너지려면 헌신해야 한다는 것이다. 그러면 인생의 가장 큰 신비-예를 들면, 행복해지는 법-를 여는 비결을 알 수 있을 것이다.

며칠 전에 커피숍에 앉아 있다가 20대 초반의 두 남녀가 하는 이야기를 우연히 엿듣게 되었다. 다른 도시에 사는 여자가 여기 사는 남자를 보러 온 모양이었다. 여자는 최근에 선교여행을 다녀왔고, 끊임없이 그 이야기를 했다. 남자에게도 선교여행을 적극 권하는 눈치였다. 나는 처음에는 그 여자에게 동의했으나, 잠시 후에 반전이 있었다.

"약혼하긴 해야지. 반지도 보고 준비는 다 했으니까. 못할 이유는 없지." 여자는 농담이 아님을 상대에게 확실히 알려주려는 듯 잠시 뜸을 들이더니 다시 입을 열었다. "내가 여길 떠나지 않는다면 말이야." 두 사람은 30분간 자기들이 포기한 것에 대해 이야기를 나누었다. 오로지 하나님을 위해 포기한 것들. 그들의 주장에 따르면 말이다.

얼마나 강렬한 표현인가. '내가 여길 떠나지 않는다면.' 두 사람이 대화를 계속하는 동안, 나는 정신이 번쩍 들었다. 나는 단기 선교 단체에서 일하는 사람으로서 이런 종류의 경험을 지지한다. 하지만 두 사람의 이야기를 들으면서 마음이 심란해졌다. 여행의 핵심은 목적지에 도달하는 것인데, 이 두 사람은 아무 목적 없이 방황하고 있었다. 이 아가씨는 외국에 다녀와서 마음의 동요가 심해졌고, 이후에도 계속해서 모험과 여행을 시도했지만 별다른 소득이 없었다. 나는 이 여행들이 그녀가 인생의 목적을 찾는 데 도움이 되었는지, 아니면 그녀의 불안감만 채워준 것인지 궁금해질 수밖에 없었다. 물론, 후자는 전혀 중요하지 않다.

하나님이 우리에게 바라시는 것은 이런 것이 아니다. 영적 체험을 전전하는 것, 임시 직업을 계속해서 바꾸는 것, 친밀한 관계를 시작했다가 몇 달 '시도해 보고' 포기하는 것. 그렇다고 해서 인생에 대해 깊은 질문들을 던져 보지도 않고 당신에게 찾아온 첫 번째 기회에 무작정 헌신해야 한다는 말이 아니다. 요즘 같은 기회의 시대에는 다양한 경험을 시도해 볼 무제한의 자유가 있다. 하지만 이런 탐색의 목적은 뭔가를 찾기 위해서다. 그렇지 않다면, 여행을 시작하기도 전에 길을 잃고 말 것이다.

하나님은 우리의 들뜨고 불안한 마음을 사용하셔서 우리를 이 세상에서 불러내어 새로운 현실로 인도하기 원하신다. 그 새로운 현실의 특징은 혼돈이 아니라 질서다. 우리의 방황은 결국 약속의 땅에 정착하기 위해서다. 대다수 젊은이들이 혼동하는 부분이 이것이다. 그들은 다양한 체험과 사건만 뒤쫓다가 헌신의 시험에서 탈락한다. 그러다가 인생의 가장 큰 선물을 놓치고 만다. 이제는 바뀌어야 할 때다.

아무것도 아닌 것에 헌신하기

고(故) 척 콜슨(Chuck Colson, 전 닉슨 대통령 보좌관)은 2010년에 「크리스채너티 투데이」Christianity Today에 기고한 글에서 Y세대가 헌신이 부족하다고 한탄했다. 그는 요즘 20대가 직장, 결혼, 심지어 신앙에까지도 헌신하기 어려워한다는 연구들을 인용했다.

80대에 이른 콜슨은 이렇게 말했다. "내 최고의 기쁨은 다른 사람들에게 나를 헌신하고 그 대가로 그들이 자라는 모습을 지켜보는 것이다. 헌신하지 않으면 그런 기쁨은 누릴 수 없다." 그 기사를 보면, 2008년에 20-24세 사이 미국 직장인의 절반은 현 직장에 몸담은 지 채 1년이 되지 않았다고 한다. 콜슨의 글은 다음과 같이 이어진다.

> 우리의 자기도취 문화는 헌신을 포기함으로써 우리가 간절히 찾는 것을 한 가지 잃어버렸다. 바로 행복이다. 헌신이 없으면 우리 개인의 삶은 척박하고 열매가 없을 것이다. 헌신이 없으면 인생에는 의미와 목적이 사라질 것이다. 목숨을 바칠 만큼 가치 있는 것이 없다면 (60년대 반전 시

위자들의 노래처럼), 사는 보람을 느낄 만한 것도 없다. 그러나 헌신이 있으면 사회의 번영-소명, 결혼, 교회의 번영-과 마음의 번영이 뒤따른다. 이것이 예수님이 와서 죽어야만 진정으로 살 수 있다고 우리에게 명령하시며 가르치신 역설이다.[19]

탕자처럼 일관성이나 중심 없이 허송세월하며 살아서는 최고의 삶을 살 수 없다. 우리가 헌신이라는 이 잃어버린 기술을 배우지 못한다면, 아무 유산도, 영향력도 남기지 못할 것이다.

우리는 헌신을 회피하면서 이유를 둘러댄다. 그리스도인 친구들은 자신이 헌신하지 않는 이유를 설명하면서 영적인 이유를 드는 경우가 자주 있다. 하나님이 주시려는 기회에 열려 있기 원한다거나 아직 기도로 '확증'을 받지 못했다는 식으로 말이다. 이유야 어찌 됐든, 그들은 도통 움직이지 않는다. 그리스도인이 아닌 친구들은 '마음 가는 대로' 행동할 뿐이라고 말한다. 두 부류 모두 결국엔 같은 말이다. 결정이 두려운 것이다. 뭔가에 헌신하면 다른 기회를 놓치게 된다고 생각한다. 그러니 기다린다. 정규직을 얻거나 아파트를 계약하지 않고, 스타벅스에서 아르바이트하며 부모님 댁에 얹혀산다. 사실 그들은 기다리는 것이 아니라, 핑계를 대고 있다. 뭔가를 결정하고 그에 따른 책임을 져야 하는 고통을 미루고 있다. 그래서 망설이고 여러 대안을 저울질한다. 그 대가는 전혀 알지도 못하면서 말이다.

헌신에는 진정한 영적 가치가 있다. 조금씩 헌신된 생활방식을 취함으로써 당신은 친구가 되는 법, 마감을 지키는 법, 과제를 완수하는 법, 어려운 문제를 헤쳐나가는 법을 배운다. 헌신은 우리가 더 나은 사람이 되도록 도와준다.

인생에는 힘든 선택을 통해서만 다다를 수 있는 중요한 단계들이 있다. 그 선택을 위해서는 다른 대안들은 모두 포기해야 한다. 진정으로 누군가를 사랑하는 법이나 오래된 관계의 아름다움. 우리는 이런 교훈들을 배워야 하는데, 이런 것들은 헌신을 통해서만 배울 수 있다.

나는 핑계 대지 않는 사람, 내가 놓칠 기회들을 다 알면서도 과감히 결단하는 사람이 되고 싶다. 내가 놓치게 될 것들을 두려워하고 싶지 않다. 오히려, 내가 경험하게 될 것을 적극적으로 껴안고 싶다. 앞으로도 갈 길은 멀지만, 조금씩 가까이 다가가고 있다. 한 번에 한 가지 헌신을 실천한다. 내 친구들도 그렇게 되기를 바란다.

연장된 청소년기

헌신을 피하려는 인간의 본능에는 다른 이유도 있다. 사회가 우리에게 그것을 기대한다. 알 수 없는 일이지만, 사회는 신실함이 부족한 것을 용인해준다. 특히, '인생을 알아가고 있는' 20대에게는 더욱 그렇다. 이것은 이 사회가 청소년기의 연장을 용납해주기 때문이다. 연장된 청소년기는 시간 날 때 구글에서 한번 조사해볼 만한 흥미로운 주제다. 간단히 말해 우리는 젊은이들에 대한 기대수준을 낮췄고, 사실상 그들은 그 낮은 기대 수준에 맞게 살아가고 있다.

로버트 엡스타인Robert Epstein은 자신의 저서 『틴 2.0』 Teen 2.0에서 산업혁명이 사춘기 현상을 촉진했다고 설명한다. 아동 노동법의 도입으로 청소년들은 대부분 교육 제도에 편입되었고, 그 결과 청소년 문화가 탄생했다. 얼마 안 있어 이 독특한 문화는 음악과 미술, 이를 지지하는 산업을 끌어들였다. 요즘에도 주변을 돌아보면, 청소년 문화의 영향을 볼 수 있다. 중년 학부모가 십대 자녀 같은 옷차림을 한다거나, 어른이 되어서도 어떻게 살아야 할지 모르는 사람들이 사회적으로 용납되고 있다.

1991년에 186개국을 대상으로 실시한 한 조사는, 청소년기라는 단어가 없는 나라가 100군데가 넘는다고 밝혔다. 엡스타인에 따르면, "십대 문제가 대두되기 시작한 세계 여러 국가를 보면, 문제의 원인이 서양 교육과 노동 규제, 미디어로 인한 십대와 어른의 분리 증가 현상으로 거슬러 올라갈 수 있다."[20]

다른 나라, 특히 개발도상국 여행 경험이 있는 사람들은 그곳에는 우울한 십대가 많지 않다는 것을 눈치 챘을지도 모른다. 다른 나라 청소년들은 미국 청소년들과는 많이 다르다. 다른 문화에는 아동기와 성인기를 분명히 구분해서, 이런 전환을 표시해주는 통과의례와 성인식이 있다. 사람들은 젊은이들을 어려움과 고통에 노출시키는 것을 당연히 여기고 기꺼이 그렇게 하는데, 그것이 그들의 성장에 유익하기 때문이다. 그런 곳에는 도제 교육과 강력한 가족 유대를 위한 문화적 전례가 있다. 그렇지 않은 곳은 대개 서양 문화, 특히 음악과 영화, 텔레비전의 영향을 받았기 때문이다. 다시 말해, 청소년기는 근대, 특히 서양의 현상이라고 할 수 있다.

인류가 진보하고 기술이 발달하면서, 가족과 부족 같은 신성한 관계들—이런 관계들은 인간이 본연의 모습으로 성장하도록 도와준다—을 잃어버렸다. 우리는 그런 관계들을 독특한 청소년 문화, 젊은이들의 능력에 대한 낮은 기대치, 수많은 교육과 맞바꿨다. 젊은이들이 할 수 있는 일과 할 수 없는 일에 대한 법적 제한이 강화되었고, 성인기와 아동기의 경계는 여전히 희미하다. 또 한 가지 잊지 말 것은, 우리가 과거 그 어느 때보다 더 많은 오락 도구를 갖게 되었다는 점이다. 이 정도면 꽤 괜찮은 거래가 아닌가?

우리는 이처럼 연장된 청소년기의 순환을 깨야 한다. 젊은이들이 성인기로 잘 진입할 수 있도록 도와야 한다. 어쩌면 우리가 먼저 성장해야 할지도 모르겠다. 어떤 의미에서는, 앞이 아니라 뒤를 보아야 한다. 세계 여러 사회에서 성인기로의 전환을 기념하기 위해 지금까지 해온 것들은 무엇인가? 우리는 하지 않지만 다른 문화권에서 지금까지 지키고 있는 것들은 무엇인가? 우리도 그 일을 해야 한다.

　우리에겐 성인식이 필요하다. 구세대가 신세대와 함께 걸으면서 어디로, 어떻게 가야 하는지 가르쳐줘야 한다. 이것이 멘토링이다. 우리 학교와 교회와 사회에는 멘토링이 절실하다. 주변에서 멘토링의 필요성을 아는 젊은이들은 많이 만나 봤지만, 멘토를 찾기 위해 발 벗고 나서는 사람은 찾아보기 어렵다. 이것은 중요한 문제를 제기한다. 멘토링을 시작하는 것은 멘토의 책임이 아니라 학생의 책임이다. 우리는 어린이를 포함한 젊은이들이 그저 보고 듣는 것이 아니라 행동으로 배울 수 있는 실제적인 훈련이 필요하다.

　우리는 젊은이들을 충분히 신뢰하지 않는다. 하지만 어려움에 봉착하면, 그들은 위기에 잘 대처할 것이다. 이 세상에는 제크 헌터Zach Hunter처럼 기회만 생기면 앞장서서 훌륭한 일들을 할 수 있는 젊은이들이 많다. 또래 친구들이 여자를 쫓아다니고 앵그리 버드 게임에 푹 빠져 있을 때 제크는 인신매매에 맞서 싸웠다. 그는 현대판 노예 제도를 없애기 위해 열두 살 때부터 기금을 모으고 책을 쓰고 청소년들을 대상으로 강연을 했다.[21] 수많은 30대 청년들이 아직 부모에게서 독립하지도 못하고 있는데, 제크가 세상을 뒤바꾸고 있는 이유는 무엇일까? 그 답은 청소년기다.

나는 십대와 청년 사역 단체에 몸담고 있으면서 이 현상이 매우 흥미롭고 우리가 하는 일과 밀접한 관련이 있음을 발견했다. 내가 그 현상을 직접 목격했기 때문에 허튼소리로 들리지 않았다. 나는 세계를 여행하고 집에 돌아온 사람들이 간단한 결정에도 신중한 모습을 보았다. 중학생들이 권한을 위임받을 준비를 하고 자기 능력을 보여줄 열의에 찬 모습을 보았다. 어린아이들이 부모와 청소년부 목회자, 심지어 자기 자신의 기대에 반항하는 모습을 보았다. 나는 우리가 이런 모습을 더 많이 보지 못하는 까닭은, 젊은 이들에게 실패할 기회를 주지 않기 때문이라고 생각한다.

스물세 살, 난생처음 '제대로 된' 직장을 잡았을 때 내게도 이런 일이 벌어졌다. 그전에도 1년간 음악 사역에 헌신한 적은 있지만, 대학 졸업 이후로 제대로 된 직장은 처음이었다. 작가로 일을 시작했지만, 얼마 안 있어 조직의 리더 격인 마케팅 책임자가 되었다. 아직 어리고 경험도 부족했기에, 때로는 나를 어떻게 대해야 할지 혼란스러워하는 사람들을 만나기도 했다. 동료이지만 나보다 곱절이나 나이를 먹은 사람들과 일할 때는 나의 판단력과 능력에 의문을 제기하는 사람들도 있었다. 솔직히 말해서, 그들을 비난하지는 않았다. 하지만 그럴 때마다 뭔가 교묘하게 나를 방해하는 것이 있었다. 상사의 전폭적인 지지에도, 내가 부족하다는 생각, 내가 이 일의 적임자가 아니라는 생각이 들었다.

다른 사람들에게도 이런 자기 회의를 찾아볼 수 있다. 주변에서 흔히 볼 수 있는 이야기 하나. 젊은 리더가 권한을 부여받았지만 어떻게 처신해야 할지 모르다가 갑자기 반항한다. 그는 비난하는 어투로, 상사의 판단력을 의심한다. "제가 이 일을 맡았으면 좋겠다는 말씀이 도대체 무슨 뜻입니까? 전 준비가 안 됐다고요!" 그가 하는 말은 사실 이런 뜻이다. '나도 나를 못 믿겠는데, 왜 당신은 절 믿으십니까?'

사람들이 그런 생각을 한다는 걸 잘 안다. 나도 그랬기 때문이다. 스물두 살 때, 1년간 전국을 돌며 연주하는 팀의 리더를 맡아달라는 요청을 받았다. 로드매니저가 점심 약속을 잡고는 내게 리더가 되어달라고 했을 때 나는 그만둘 작정이었다. 준비가 되지 않았다는 생각에 두려웠다. 다른 사람에게 맡기면 안 될까? 하지만 다른 대안이 없는 것은 확실했다. 그래서 내가 자격이 된다고는 생각지 않았지만 그 일을 맡기로 했다. 여러 차례 실패와 좌절을 경험하면서도, 끝까지 책임을 다한 것은 기적이라고밖에 할 수 없다. 팀은 힘든 시기에도 나를 잘 따라주었고, 1년 뒤 우리는 무사히 살아남았다. 그 과정에서 나는 중요한 교훈을 배웠다. 내가 할 수 없을 것으로 생각했던 일도 할 수 있다는 것. 시간이 흐르면서, 나는 이것이 무너진 인생을 살아가는 데 절대적으로 필요한 교리임을 깨달았다. 불안하고 부족하다고 느낄 때도 자신감을 배우는 것.

감당하기 어려운 일을 맡았다고 느낄 때 용기를 내라. 지금이야말로 하나님이 의도하신 당신의 모습으로 성장하는 법을 배울 기회다. 능력 밖의 어려움을 만나 버거울 때, 그때야말로 당신의 일을 진지하게 생각하기 시작할 때요, 당신의 사명을 이루기까지 성장할 때다.

아무도 당신에게 지도를 건네주지 않을 것이다. 당신만의 길을 스스로 만들어 가야 한다.

헌신 공포증 극복하기

헌신의 훈련에는 영적 측면이 있다. 악수나 구두 합의 같은 단순한 거래에서도 뭔가를 공유했다. 성경에는 이런 만남이 가득하다. 하나님은 인간과 약속하시고, 사람들은 다른 사람들과, 또 하나님과 약속한다. 이런 약속들을 언약이라고 하는데, 이 언약은 우리의 변덕스런 욕구보다 더 깊고 오래간다. 즉각적인 만족의 시대를 사는 우리는 다시 한 번 언약의 사람이 되어야 한다.

많은 사람이 헌신의 숨은 축복을 발견하지 못했다. 물론, 어른이 되기란 쉽지 않다. 공과금을 내고, 일주일에 40시간씩 일하고, 일찍 잠자리에 들어야 한다. 나도 이런 문제들과 씨름하고 있다. 그러나 억지로라도 약속을 지키고, 힘든 상황에서도 사람들을 도와주고, 진정한 변화를 목격할 때까지 끈덕지게 버티는 법을 조금씩 배워가는 중이다. 일차적으로는 결혼생활이 내게 이런 것들을 가르쳐 주었지만, 일과 사역에서도 배운 것이 많다.

아내와 갓 결혼하고 나서, 다른 사람의 일정에 적응하는 것이 큰 과제였다. 나는 집에서 일했기 때문에 아침 10시쯤 일어나 중간에 한두 시간 점심을 먹고 저녁 8시쯤 일을 마무리하곤 했다. 그러니 5시 반쯤 퇴근해서 집에 돌아온 아내가 나머지 저녁 시간을 같이 보내고 싶어 하는 것은 내 편에서는 불쾌한 일일 수도 있었다. 우리는 몇 달 동안 이 문제로 다투다가, 결국 내가 내 신부와 시간을 함께 보내기 위해서는 일정을 조정해야 한다는 것을 깨달았다. 불편하긴 해도 이것이 올바른 일 처리였다.

내게 겉으로 드러나는 성숙의 표시가 (조금이라도) 있다면, 모두 치열한 싸움을 통해 얻은 것들이다. 힘겨운 대화나 환경은 내가 자신의 이기심을 직시하고 조금씩 성장할 수밖에 없게 만들었다. 헌신하겠다는 선택은 내가 천국의 승리를 볼 수 있게 해준 유일한 것이었다. 상황이 힘들어질 때도 끝까지 계속 버틴 덕분이었다. 인생의 소명을 찾는 과정에서 당신이 기대해야 할 것은 해결책이 아니라 그 싸움이다. 싸움이나 어려움이나 고통의 흔적을 찾아보기 어려운 사람들을 만날 때, 나는 다 자란 어른의 몸을 한 청소년을 발견하곤 했다.

주변에서 온전하고 충만한 인생을 사는 사람들을 떠올려보라. 그들은 뭐라고 말하는가? 그들에게서 어떤 지혜를 얻을 수 있는가? 대개, 그 사람들은 어려운 시절, 그들에게 닥친 어려움과 그것을 극복한 방법을 이야기한다. 주변의 반대에도 뭔가를 하기로 결단하고 직접 실행에 옮긴 이야기를 듣게 된다. 헌신과 인내의 이야기를 듣는다.

가치 있는 일에는 반드시 불리한 점도 있기 마련이다. 궁극적인 만족을 얻으려면 어려운 일도 떠안아야 한다. 헌신해야 한다. 헌신하지 않으려면, 고통을 회피하고 책임을 게을리하는 수밖에 없다. 하지만 그렇게 하면, 제자리를 지키며 견뎌낼 때만 따라오는 열매를 잃고 말 것이다. 편안함에는 희생을 치를 만한 가치는 없다.

힘든 일들이 성품을 형성한다. 그리고 성품은 미래의 우리 모습을 좌우한다. 헌신은 하나님이 우리에게 의도하신 온전한 인간이 되는 데 꼭 필요한 부분이다. 보통 사람이라면, 그런 도전에 주눅이 들게 마련이다. 두렵기도 하다. 우리는 어떻게 해야 할까? 위험을 감수해야 한다.

모든 헌신에는 위험이 따른다. 그것은 어쩔 수 없다. 하지만 우리는 기다림이라는 더 큰 위험을 고려해야 한다. 완벽한 배우자를 기다리는 것. 완벽한 직장이나 기회를 기다리는 것. 우리는 결정을 두려워하기 때문에 기다린다. 내가 닮고 싶어 하는 리더들은 철없는 20대인 내가 알지 못하는 것을 안다. 위대함은 헐값에 얻지 못한다는 것. 내 상사는 이미 다른 남자와 약혼한 여자에게 시를 써 보내면서 몇 년씩이나 쫓아다닌 끝에 결국 그녀를 아내로

맞았다. 이제는 다 끝났다고 생각한 바로 그때, 드디어 그녀가 돌아왔고 그는 승리자가 되었다. 내 친구는 여러 개인과 단체에 익명으로 수만 달러를 정기적으로 기부한다. 내 부모님은 상대방과 우리 자녀에게 최선의 삶을 마련해주고자 이혼 후에 다시 재결합하셨다.

훌륭한 스포츠 영화는 평범한 사람이 남들은 다 게으름을 피울 때 홀로 끝까지 고군분투하며 인내하는 이야기를 들려준다. 다른 사람들이 자기 성취에 안주하는 동안, 주인공은 열심히 훈련하며 체력을 키운다. 이런 영웅의 이야기들은 하나같이 같은 복음을 전해주는데, 위대함에는 대가가 따른다는 것이다. 하지만 우리는 잘 안다. 기꺼이 진흙탕을 건너려는 사람, 어렵지만 보상이 따르지 않는 일을 하려는 사람은 너무도 적다는 것을. 오늘의 만족을 위해서가 아니라 내일의 만족을 위해서. 우리는 장기간 그 과정을 감내하기에는 너무 겁을 먹었거나 산만한 나머지, 위기를 극복하려는 의지가 없다. 그렇다. 위대함에는 대가가 따르는데, 그 이름은 헌신이다.

블로거 세스 고딘Seth Godin에 따르면, 세상을 바꾸는 사람과 다른 수많은 사람들을 구별해주는 것은 인내심이다. 그는 "나는 30년 전에 아주 힘들게 다음과 같은 행운의 비결을 발견했다. 노력하면 남들보다 오래갈 수 있다. 남들은 지겨워하는 것을 꾸준히 하면, 역량이 축적된다. 똑똑똑 한 방울씩 떨어지는 물이 모여 성공을 이룬다"[22]고 썼다. 나도 조금 성급한 편이긴 하지만, 전에는 내가 할 수 있으리라고 생각지도 못했던 그것, 헌신을 조금씩 배워가고 있다. 헌신은 그만한 가치가 있다. 또 위대함을 성취할 수 있는 유일한 길이기도 하다.

뭔가를 하기로 맹세하지 않고서는 성공할 수 없다. 선택하지 않으면 한 단계 더 깊은 관계로 나아갈 수 없다. 그러면 반드시 뭔가를 잃게 된다. 어쩌면 수많은 것을 잃을지도 모른다. 어느 한 가지를 선택하는 것은 다른 어느 것을 하지 않겠다고 선택한다는 뜻이다. 하지만 선택하면 기다림의 불안감도 잃게 된다. 우리를 결정 마비라는 함정에서 해방시켜주기 때문이다. 더 큰 뜻에 헌신하면 우리는 자유로워진다.

나는 노동자의 대열에 들어서면서, 완벽한 직장을 마음속에 그렸다. 내 일이 그 이상에 들어맞지 않자 겁이 나서 그만두고 싶어졌다. 나는 반복해서 마음으로 사표를 쓰면서, 머릿속으로 그리던 그림에 들어맞는 다른 일을 찾고 싶어졌다. 하지만 무슨 이유인지 쉽게 그만두지 못했다. 뭔가 마음에 걸렸다. 힘든 일이 옳은 일이기도 하다는 깨달음이 있었던 것 같다. 그래서 1년을 버텼다. 그렇게 2년이 가고, 3년이 갔다. 많은 사람이 왔다가 떠나는 것을 지켜보며 내 자리를 지켰다. 더 나은 약속을 찾아 떠나는 사람도 있었지만 그것을 발견하는 이는 드물었다. 사람들이 들어오고 나가는 모습을 지켜보면서 나는 내가 떠나지 않았다는 사실에 더 많이 감사하게 되었다. 나는 소수의 사람만이 볼 수 있는 특권을 누린, 그것을 보게 되었다. 내가 성장하는 모습을 보게 된 것이다.

우리가 헌신을 두려워한다는 사실이야말로 헌신을 위대하게 만드는 것이다. 장기 투자로만 얻을 수 있는 축복이 있다. 그런 축복들은 청소년기의 특징인 빠르고 변덕스러운 변화들보다는 덜 매력적으로 보일지도 모르지만, 장기적으로는 월등히 낫다. 공포증을 극복하고 뭔가에 헌신할 때, 더 깊이 있고 오래가는 기쁨을 발견한다. 처음에는 감지하기 어려울 수도 있지만, 우리에게 자주 유혹이 되는 일시적인 스릴보다 훨씬 더 아름답다.

인생의 어떤 과제들은 열매를 보려면 한철 이상이 걸린다. 어떤 종류의 위대함은 성취하려면 시간이 걸린다. 피와 땀과 눈물을 흘려야 추수를 기대할 수 있다. 그것은 일이나 공부, 관계가 될 수도 있지만, 사람은 누구나 결국 우리에게 큰 대가를 요구하는 결정에 직면한다. 우리는 손실을 최소한으로 줄이고 결정을 보류하고 싶어 한다. 그래서 안전한 방법을 강구한다. 어리석은 짓이다. 왜냐하면 선택의 순간, 그때 바로 우리가 성장하기 때문이다. 그런 기회들을 피하지 않는 것이 중요하다.

당신을 불편하게 만드는 그런 상황을 만날 때 주저하지 마라. 이것은 전쟁이다. 당신을 망설이게 만드는 것을 단호히 물리쳐라. 더 얻을 정보가 없다면, 기다리지 마라. '하룻밤 더 생각'해볼 필요 없다. 질질 끌지 마라. 그런 것들은 다 집중을 방해할 뿐이다.

지금 당장 변화를 이끌어낼 수도 있었던 수많은 지도자들이 이처럼 교묘하게 위장한 속임수들에 넘어가고 말았다. 도전을 끌어안아라. 선택하라. 헌신하고 실행에 옮겨라. 그 열매는 항상 고통을 인내할 만한 가치가 있다.

'새것'에 대한 집착

때로는 새로운 것에 대한 기대감이 우리가 헌신하지 못하도록 방해하기도 한다. 우리는 '새것'을 좋아한다. 한번은 어떤 강사가 '새것'은 늘 매력적이고, 우리는 우리가 하는 일을 새것으로 묘사할 방법을 늘 찾아야 한다고 설명하는 것을 들은 적이 있다. 새것은 매력적이지만, 끊임없이 혁신에 집착하는 것은 위험할 수 있다. 인간은 변덕스러운 존재이고, 새 장난감만 쫓아다니는 것이 늘 옳은 일이라고만은 할 수 없다.

나는 손때 묻은 것들을 좋아한다. 광택이 나는 새 책이나 전자책보다 중고 양장본이 더 좋다. 준비 시간이 오래 걸리는 음식을 좋아한다. 중고 가게에서 산 옷을 즐겨 입는다. 평생 그렇게 살았다. 십대 때는 레드 제플린Led Zeppelin과 핑크 플로이드Pink Floyd 같은 밴드의 클래식 록 음악을 들었다. 요즘에는 별로 유명하지 않은 블루스 음악과 동네 재즈 연주자들에 마음이 끌리고, 아내가 결혼기념일에 선물해준 회중시계를 자주 차고 다닌다. 가끔 차에 혼자 있을 때면 라디오를 틀어 클래식 음악이나 전화 토론 프로그램을 듣곤 한다. 나도 나이가 드는 모양이다. 하지만 이 세상을 다 준다 해도 나이 드는 즐거움과 바꾸진 않을 테다.

날 보고 '애늙은이'old soul라는 친구들이 있는데, 난 아무래도 괜찮다. 새 영혼에는 별 미련이 없다. 그것이 더 크고 더 빠르고 더 좋은 것에 대한 현대인들의 집착을 포기한다는 뜻이 아닌 한에는 말이다. 나는 내 영혼에 이 복잡한 세상에서 숨을 쉬고 반추할 수 있는 여유를 주고 싶다. 길게 산책을 하고 흑백 영화를 보고 싶다. DJ가 아니라 빅 밴드의 음악에 맞춰 아내와 춤을 추고 싶다. 연주회에 갈 때는 음료와 간식을 들고 자리에 앉아 괴로운 소음을 듣고 싶지는 않다. 어딜 가든 머니 클립(접은 지폐를 끼우는 클립으로 지갑 대신 사용함-역주)을 가지고 다니고 싶다.

우리는 오래된 것을 더 많이 소유하고, 새것은 덜 소유해야 한다. 무언가를 더 가치 있게 만드는 일에 시간을 내는 것은 의미가 있다. 구식 일 처리에는 아름다운 면이 있다. 나는 그렇게 확신한다. 물론, 거기에는 과거 사람들의 선택 방식도 포함된다. 그때는 '예'라고 하면 예를 뜻하고, '아니요'라고 하면 아니요를 뜻했다. 무엇이든 대량 생산할 수 있는 시대에, 우리는 새로운 것에 대한 이런 집착에 주의해야 한다. 자칫 잘못하면 인류에게 가장 중요한 옛것들-예를 들면, 말한 대로 행동하고 우리의 헌신을 존중하는 것-을 잃어버릴 수도 있기 때문이다. 예언자 예레미야가 경고

했듯이, "너희는 길에 서서 보며 옛적 길 곧 선한 길이 어디인지 알아보고 그리로 가라 너희 심령이 평강을 얻으리라 하나 그들의 대답이 우리는 그리로 가지 않겠노라 하였으며."[23] 오늘날 우리는 옛적 길을 찾아 그리로 걸어가야 한다.

새로운 옛 기준

젊은이들에 대한 새로운 기준이 필요하다. 확실히, 우리는 세상에 그리 좋은 인상을 주고 있지 않다. 나는 이 세상에 지속적인 유산을 남기고 싶지만, 지금까지는 그에 걸맞은 훌륭한 일을 이루지는 못한 것 같다. 내가 한 약속들을 이행하지 못했고, 가겠다고 해놓고선 나타나지 않았으며, 의무를 소홀히 했다. 하지만 이제는 내 미성숙함으로 말미암은 피해를 해결하려고 노력하고 있다. 인생에는 두 번째 기회가 없음을 깨달았기 때문이다. 인생은 단 한 번뿐이고, 난 그 기회를 날려버리고 싶지 않다. 나와 비슷한 목표를 세우고 있는 다른 사람들이 있다는 것을 안다. 그들은 시간이 짧고, 자신들이 세상에 일으키려는 변화가 자신의 성품과 밀접하게 연관되어 있음을 안다. 헌신에 대한 심각한 두려움이 우리를 죽이고 있다. 다행히도, 마지막 순간에 발뺌하는 것 말고 다른 대안이 있다. 당신에게 억지로 평생의 의무를 지우지 않고도 청소년기의 방황하는 열정을 만족시킬 수 있는 방법, 바로 단기 헌신을 훈련하는 것이다.

20대에 여러 인턴 프로그램을 거치는 것도 나쁘지는 않지만, 6-12개월 단위로 옮기기보다는 새 기준을 적용해보라. 진지하게 생각하는 일자리라면 최소 2년을 헌신하는 것이다. 내가 아는 많은 이들이 조금만 일이 힘들어져도 포기한다. 20대만이 아니라, 30대, 40대, 50대도 그렇다. 그들은 뭔가를 꾸준히 하는 법을 배우지 못했다. 그 결과, 단기 헌신만 전전하다 아무것도 달성하지 못한다. 이런 생활방식의 안타까운 부작용은, 뭔가에 곧바로 헌신하지 않으면 평생 안 할 수도 있다는 것이다. 최악의 상태를 끝까지 견뎌내는 법을 훈련하지 못하면, 인내에 따른 보상을 놓칠 것이다.

마찬가지로, 사람들이 즉시 헌신에 뛰어들어 수십 년간 그 자리를 지키는 식으로 세상에서 길을 찾아가기를 기대하는 것도 비현실적이다. 20대들이 자유로이 옮겨 다니며 다양한 것들을 시도하면서도 적절한 인생 기술을 습득할 방법이 필요하다. 그 방법이 바로 한철 헌신이다.

한철 헌신은 여러 가지를 뜻할 수 있다. 내일이라도 당장 직장을 그만두고 싶을 때 1년 더 자리를 지키는 것. 들뜬 기분이 당신을 불러낼 때 다시 한 번 관계 개선을 시도하거나 전세 계약을 연장하는 것. 바나 그룹 대표 데이비드 키네먼 David Kinnaman에 따르면, 젊은이들은 너무 일찍 직장을 그만두는 성향이 있다. 그는 젊은이들이 한계점에 다다랐다고 느낄 때 더 남아 있어야 한다고 말한다. "힘든 직장에서 버티는 것은 당신의 성품에 최고의 선물이 될 수 있다. 회사나 상황이 좋지 않을 수 있다. 하지만 당신의 미래가 더 어려워진다면 어떻겠는가?"[24] 어쩌면, 영원히 그곳을 떠나는 것 말고 당신의 불안감을 처리할 수 있는 다른 방법을 찾아야 할지도 모른다. 내가 아는 어떤 사람들은 자신의 모난 성격을 다시 한 번 돌아보고 들뜬 마음을 없애려고 2년에 한 번씩 산으로 도보여행을 간다.

애틀랜타에서 포틀랜드로, 또다시 오스틴으로 아내와 함께 전국을 떠돌던 내 친구 조시는 불안감이 엄습하면 한곳에 머물기가 어렵다고 고백했다. 하지만 그는 그 누구보다도 더 자신의 불안함을 다스릴 줄 안다. 그는 그 어떤 것에라도 최소한 2년은 헌신할 것이다. 오리건에서 삶이 무척 고단하고 떠나라는 부르심을 느꼈을 때에도 조시 부부는 서둘러 결정을 내리지 않았다. 그들이 맺은 관계들을 소중히 여겼고, 흥미로운 기회를 좇아 끊임없이 옮기는 것을 염려했다. 조시는 자기가 만난 사람들과 신뢰를 쌓기 원했고, 그 신뢰는 시간과 노력을 들여야 가능함을 알았다. 그래서 떠나야 할 때라는 확신이 100퍼센트 들 때까지 기다렸다. 그 덕에 그는 공동체와 선택과 헌신에 대해 많이 배울 수 있었다. 떠나고 싶은 유혹이 들 때 우리는 조시의 본을 따르는 것이 온당하다. 상황이 불편해지더라도 옮길 때라는 확신이 들 때까지 인내해야 한다. 나중에 뒤돌아보면, 우리가 많은 것을 배웠다는 사실을 깨달을지도 모른다.

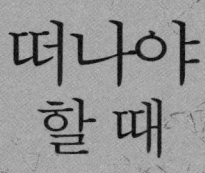

7장
떠나야 할 때

Wrecked

> "우리는 어딘가에서 이런 사실을 깨닫는다. 침묵이 없으면
> 단어가 의미를 잃고, 들음이 없으면 말은 더 이상 치유가 되지 않으며,
> 거리감이 없으면 친밀함은 해결책이 되지 못한다는 것을."
>
> … 헨리 나우웬Henri Nouwen …

무너짐에서 가장 힘든 부분은 세상의 필요를 보고도 떠나야 할 때다. 우리가 원치 않더라도, 그런 경우는 늘 있게 마련이다. 이런저런 이유로, 때로는 하나님이 상처를 치유하기 위해 부르신, 다음 사람에게 바통을 넘겨야 할 때가 있다. 내려놓아야 한다. 편안하고 익숙한 것을 떠나 다시 한 번 그분을 신뢰해야 한다. 사람들은 자기가 원해서 우리 곁을 떠나기도 하고, 어쩔 수 없이 강제로 우리와 떨어질 수밖에 없는 경우도 있다. 그럴 때 우린 그 이유를 궁금해한다. 하나님이 '문을 닫고 창문을 열어주시지 않는 때'도 있다. 그분이 문을 쾅 닫아버리는 바람에 손을 다치는 경우도 있다. 우리는 뭘 잘못했는지도 모른 채 욱신거리는 아픔을 감내해야 하기도 한다. 최소한, 내 경우는 그랬다. 그래서 아직도 그 상황을 이해해보려고 애쓰는 중이다.

내려놓아라

10월이었다. 나는 내슈빌의 한 단체에서 가정에 식료품을 배달해주는 자원봉사를 하고 있었다. 이동 수단이 없거나 몸이 불편한 사람들, 무슨 이유에서든 물건을 사러 밖에 나갈 수 없는 사람들을 위한 봉사였다. 대다수는 식료품을 살 돈도 없었다.

배달 봉사를 하다가 혼자 아이를 키우는 미셸을 만났다. 미셸은 임신한 상태였다. 두 자녀 외에 다른 가족은 없었다. 미셸이 세를 얻은 집은 좁다란 땅콩집(주택 1필지에 같은 건물을 붙여 2가구가 살 수 있도록 지은 소규모 주택-역주)인데, 대규모 공공주택 단지 사이에 끼어 있었다. 나는 그 가족을 만나자마자 마음이 통했다. 그 만남이 뇌리에서 지워지지 않았다.

그 집에 맨 처음 식료품을 배달하러 갔을 때 미셸은 내내 눈물을 흘리면서 고마워했다. 나와 내 친구 브루스가 식료품을 부엌에 들여놓자고 하자, 그녀는 이렇게 말했다. "아뇨. 그대로 두세요. 아이들이 일어나면 보여주고 싶네요." 우리는 배달한 물건을 거실 마룻바닥에 그대로 두고 집을 나섰다. 같이 기도하자고 하자 미셸은 또다시 울음을 터뜨렸다.

미셸의 흐느낌이 머릿속을 떠나지 않았다. 그날 이후 며칠 동안, 한밤중에 깨어 미셸과 그 가족들을 떠올렸다. 잘 지내고 있는지 궁금했다. 다시 그 집을 찾아갔다. 가족들은 두 팔 벌려 나를 환영해주었다. 그래서 정기적으로 그 가정을 찾기 시작했다. 일주일에 한 번 정도 들렀다. 아이들과 함께 영화를 보기도 하고, 쿠키를 구워 가기도 했다. 조금은 이상한 방식으로, 우린 가족이 되어갔다.

12월에 미셸의 집 대문을 두드렸다. 내 손에는 대형 플라스틱 크리스마스트리가 담긴 기다란 갈색 상자가 들려 있었다. 트리를 본 미셸은 좋아서 어쩔 줄을 몰랐다. 그해 크리스마스에 아이들에게 가장 하고 싶었던 선물이 크리스마스트리라고 했다.

두 주 후에는, 내 차에 선물을 가득 싣고 그 집을 찾았다. 나는 미셸에게 이것들은 나나 우리 교회 사람들이 아니라 하나님이 주시는 선물이라고 말해주었다. 한 사람의 인생에 눈에 보이는 희망을 전달하는 것은 정말 기분 좋은 일이었다. 미셸이 우리가 해준 일에 감사를 표할 때마다 나는 확실히 말해 주곤 했다. 그녀에게 공급하시는 분은 하나님이고, 그 사실은 확실히 믿을 수 있다고 말이다.

성탄 선물을 전달하고 나서 일주일쯤 지나, 나와 몇몇 친구들이 미셸의 아이들을 데리고 동물원에 갔다. 저녁은 맥도날드에서 외식을 했다. 다른 무엇보다, 아이들이 다른 사람의 손길을 원하는 것이 느껴졌다. 나는 작은아이가 버릇없이 굴 때 아이의 손을 잡아주기도 했다. 하루 일정을 마치고 우리는 아이들을 집 앞에 데려다 주었다. 미셸은 피곤한 기색이었지만 고마워했다. 우리는 잘 있으라는 인사를 하고 사랑한다고 말해 주고 돌아섰다.

그런데 그것이 마지막 만남이 될 줄이야.

그해 1월, 나는 애슐리와 결혼했다. 신혼여행에서 환상적인 시간을 보냈다. 집에 돌아온 나는 아내에게 미셸 집에 가 봐야겠다고 말했다. 하지만 삶은 정신없이 돌아갔다. 집(과 욕실)을 같이 쓰는 것부터 시작해서 여느 신혼부부들처럼 새로운 생활에 적응할 시간이 필요했다. 우리는 미셸이 잘 지내고 있으리라 믿었지만, 출산이 코앞으로 다가오고 있었다. 알지도 못하는 사이, 어영부영 한 달이 지나가 버렸던 것이다.

직장과 결혼생활, 새 삶을 꾸려나가야 하는 압박이 만만치 않았다.

그러던 어느 날, 나는 미셸이 떠올라 아내에게 조만간 함께 그 집에 가보자고 했다. 그러고 나서도 2주가 지나서야 겨우 그 말을 실행에 옮길 수 있었다. 일요일 예배를 마치고, 우리는 아내가 구운 쿠키를 들고 미셸 집으로 향했다. 밖에서 한참이나 문을 두드렸지만 아무 반응이 없었다. 주변을 좀 둘러보다가 할 수 없이 돌아서서 쇼핑몰에서 오후 시간을 보냈다.

2주 후, 친구 조엘을 데리고 또다시 미셸을 보러 갔다. 차에서 내려 현관 앞으로 걸어가 문을 두드렸다. 아무 답이 없었다. 우편함에 쌓인 봉투들이 눈에 들어왔다. 다시 한 번 문을 두드렸다. (그 동네와는 어울리지 않는) 어느 백인이 가던 길을 멈추고 물었다. "무슨 일이시오?"

나는 "괜찮습니다"라고 대답하고는 계속 문을 두드렸지만 아무 소용이 없었다. 그 사람이 제발 우리 일에 상관 말았으면 하는 생각이 들었다.

그 사람은 "내가 이 건물 주인입니다만" 하고 말했다. 그 순간, 미셸이 들려주었던 집주인에 대한 고약한 이야기들이 떠올랐다. 집주인이 난방을 끊어버려서 밤에 오븐으로 몸을 녹여야 했던 이야기, 매번 월세를 올려달라 했다던 이야기 등. 그는 미셸 가족의 상황은 조금도 봐주지 않았다고 했다. 집주인은 내게 "이 집은 두 달 넘게 비어 있었소" 하고 말했다.

가슴이 쿵 하고 내려앉으면서 갑자기 속이 메슥거렸다.

집주인은 미셸을 안다고 했다. 두어 달 전쯤, 별 말 없이 갑자기 떠났다고 했다. 믿을 수가 없었다. 미셸의 형편이 썩 좋지는 않았지만, 전세 기간이 끝나는 여름까지는 거기서 지낼 거라고 늘 말하곤 했는데. 갑자기 두려움이 몰려왔다. 벌써 3월이니 곧 출산이었다. 집주인은 미셸이 그 근처 사는 어머니 집으로 들어갔을지도 모른다고 말해주었다.

나는 조엘과 함께 그 일대를 샅샅이 뒤졌다. 소용없었다. 아무도 없었다. 나는 고개를 떨어뜨린 채 길 한복판에 서 있었다. 왜 이런 사태가 벌어졌을까. 나는 하나님께 왜 이런 상황을 허락하셨느냐고 여쭈었다. 우리가 이 가족에게 베푼 선한 일을 보지 못하셨는가? 내가 게을렀거나 무심했나? 다 내 잘못인가?

바로 그때, 그 목소리가 떠올랐다.

지난 1월, 이 모든 일의 실마리가 될지도 모르는 한 음성을 들었다. 그때 이미 마음의 준비를 했어야 하는 건데…. 아내와 쇼핑몰에 갔다가, 나 혼자 의자에 앉아 아내가 돌아오기를 기다리고 있었다. 그때는 그 음성을 무시했는데, 미셸이 살던 집 앞에서 사태를 파악하려고 애쓰는 동안 내 머릿속에 그 음성이 생생히 울려 퍼졌다.

'내려놓아라.' 그 음성은 그렇게 말했다.

당신이 기도나 기적 같은 것을 어떻게 생각하는지는 잘 모르겠지만, 나는 하나님이 귀에 들리는 목소리나 독특한 팬케이크 모양을 통해 내게 말씀하신다는 생각에는 꽤 회의적이다. 하지만 가끔은 논란의 여지없이 하나님이 하신 것이 분명한 일들이 벌어지곤 한다. 이번 일도 그랬다.

이 말씀을 들은 것은 이번이 처음은 아니었다. 그전에 12월에도 그 말씀이 마음속에 떠올랐다. 미셸을 위해 기도하던 중이었는데, 이 말씀이 내 마음에 똑똑히 들렸다. '제프, 내려놓아라.'

나는 속으로 '정말이세요?' 하고 생각했다. 내 생각이 나를 데리고 장난을 치고 있는 게 틀림없었다. 친구에게 말했더니, 하나님이 관계를 내려놓으라고 말씀하시다니 터무니없는 이야기 같다고 했다. 몇 주 후에 기도하다가 같은 말씀이 또 들렸다. 믿기지가 않았다.

미셸의 집 앞에서, 내가 그 음성을 들은 것과 비슷한 시기에 그녀가 떠났다는 집주인의 이야기를 듣고 있으려니 궁금증이 일기 시작했다. 그 음성은 어쩌다 뜬금없이 내 맘속에 떠오른 잡생각이 아닐지도 몰랐다. 내가 미셸에게 늘 하던 이야기를 하나님이 내게 하고 계신지도 몰랐다. 내가 아니라 하나님이 공급하신다는 말씀. 어쩌면 지금도 그분이 미셸의 필요를 채우고 계실지도 모른다. 하나님은 내가 필요 없을지도 모른다.

지금도 나는 우리가 미셸을 포기한 것만 같은 생각에 시달린다. 내가 더 할 수 있는 일이 있었을 텐데. 하지만 그런 생각은 전혀 생산적이지 못하다. 내게 기회가 다시 주어진다면 달리 행동할 것이다. 하지만 때로는 떠나야 할 때도 있다는 것, 이것은 긍휼이 필요한 일을 하는 누구에게나 중요한 교훈이다.

정기적으로 미셸을 만나고 여러 일을 하면서, 서로 의지하는 법을 배웠고, 궁핍한 사람들을 위해 일하는 데서 자부심을 찾게 되었다. 나는 미셸의 이야기를 한 친구에게 나눴고, 그 친구는 그날 저녁 가족들에게 그 이야기를 전했다. 친구가 저녁 식탁에서 그 이야기를 들려주었더니 어린 딸이 이렇게 말했다고 한다. "아빠, 하나님이 그 아줌마를 이사 가게 하셔서 제프 아저씨가 아닌 다른 사람이 그 아줌마에게 복을 베풀 기회를 주신 거죠?" 친구는 말없이 웃으며 고개를 끄덕였다. 나도 그런 반응을 배워야겠다.

미셸이 어떻게 됐는지는 모른다. 가게에서 그녀의 미소와 우연히 마주치는 일은 두 번 다시 없었다. 그녀의 사연이 해결되는 모습을 보지는 못했다. 그것은 늘 괴로운 기억으로 남을 것이다. 하지만 그 고통 가운데서 나는 신뢰하는 법을 배우는 중이다. 아마도 그 상처 덕택에 나는 더 열심히 사람들을 돕고, 더 큰 믿음을 갖고, 내가 아니라 그분이 공급하는 분임을 배우게 되리라. 그런 소망을 품어본다.

세상을 구원하는 일에 영혼을 내던지기

내려놓기란 결코 쉬운 일이 아니다. 세상에는 수많은 필요와 고통과 고난이 있어서, 어려운 상황을 보고도 그냥 떠나는 것은 너무 자기중심적인 행동처럼 느껴진다. 하지만 이것은 사람들의 필요가 아니라, 겸손의 문제다. 목마른 사람에게 냉수 한 잔 대접할 때는 눈에 보이는 게 다가 아님을 믿어야 한다. 긍휼을 베푸는 모든 행동 기저에는 더 깊은 내러티브가 흐르고 있다는 사실을 믿어야 한다.

다시 말해, 정의를 좇느라 자기를 잃어버리기 쉽다.

아무도 당신에게 이런 말을 해주고 싶어 하지는 않는다. 이 일을 하려면 당신의 영혼을 희생해야 할지도 모른다는 말. 당신의 상상 이상으로 상처가 되며, 해결되지 않는 온갖 긴장들이 발생하리라는 말. 굶주린 아프리카 아이들이 등장하는 광고 하단에 이런 문구는 등장하지 않는다. "경고: 행동을 취하면 정신 건강에 심각한 위험을 초래할 수도 있습니다." 하지만 그 말은 사실이다. 최소한, 나 자신과 주변 사람들의 경험으로는 그렇다. 그런데 아무도 이런 말을 하고 싶어 하지 않는다. 정의가 당신을 (부정적인 의미에서) 소진할 수도 있다는 것, 그 때문에 밤잠을 설치거나 강박에 빠질 수도 있다는 것.

조심하지 않으면, 우리는 마르다처럼 살게 될지도 모른다. 마르다는 예수님을 위해 해야 할 일들에 너무 정신이 팔린 나머지, 정작 그 일을 하는 이유는 잊어버리고 말았다. 친구들이여, 긍휼도 우리의 집중을 흐트러뜨릴 수 있다. 도와야 할 일들이 너무 많아서, 세상에서 선을 행하면서 자신의 영적 건강을 챙기는 것은 이기적인 것처럼 느껴진다. 그러나 그것은 반드시 필요한 일이다. 단순한 박애주의자 이상의 존재가 되려 한다면, 하나님의 구속 사역에 참여하려 한다면 말이다.

떠나는 것에 대해 생각할 때마다 내 친구 칼린이 떠오른다. 칼린은 빈곤을 다룬 책을 읽고서 그 즉시 가난한 사람들을 도와야겠다고 생각했다. 다른 사람들처럼, 칼린도 세상에 할 일이 너무 많다고 느꼈다. 그래서 그 모든 필요를 다 채우려고 애썼다.

칼린은 내슈빌 지역의 모든 쉼터와 무료 급식소, 사회복지 단체에 빠짐없이 자원봉사자로 등록한 다음, 열정적으로 봉사했다. 칼린은 이왕이면 제대로 해보겠다고 마음먹었고, 봉사 활동은 그녀의 모든 것이 되었다. 잠시라도 틈만 나면 어려운 사람들을 도왔다. 평일 저녁과 토요일 오후는 물론, 일요일에도 교회에 다녀와서 어려운 사람들을 돕는 일에 최선을 다했다. 남을 돕고, 자기보다 노련한 사람들에게서 배울 수 있는 기회에 흡족해했다. 칼린은 사랑과 인내의 화신이었다. 어쩌면 나만 그렇게 생각했는지도 모르지만.

수년간 칼린은 매춘부들의 친구가 되어주고, 과부들의 집을 찾아가고, 장애인들에게 음식을 배달해 주었다. 노숙자들을 자기 집과 자기 삶에 초대했다. 책이란 책은 다 읽고, 영화란 영화는 다 보고, 훈련이란 훈련은 다 받았다. 집중이라는 말로는 부족할 정도의 열심이었다. 하지만 그녀도 어떤 문제들은 너무 크고 복잡해서 총체적 해결책이 필요함을 깨닫기 시작했다. 또 어떤 사람들은 따뜻한 잠자리나 커피 한잔 마시며 나누는 다정한 대화 이상의 해결책이 필요하다는 것도 깨닫기 시작했다. 칼린 혼자서는 해결해주기 어려운 근본적인 도움이 필요했다. 그녀는 어찌해야 할 바를 몰랐다. 그 현실이 그녀를 무너뜨렸다.

칼린은 대다수 사람들이 취할 법한 방법을 택했다. 더 열심히 노력했다. 두 배로 애쓰고, 관여하는 프로젝트를 줄여서 거기에 더 집중했다. 어떤 문제라도 다룰 수 있도록 독서와 연구에 더 열을 올렸다. 그런데도 스트레스와 피로감만 더했다. 설상가상으로, 칼린의 결혼생활마저 흔들리기 시작했다. 칼린은 깨어진 주변 상황을 치유하기보다, 오히려 스스로를 망가뜨리고 있었다.

우리가 여기서 이야기하는 깨어짐은 긍정적인 깨어짐이 아니다. 교회나 성경공부에서 듣는 영적 깨어짐도 아니다. 오히려 역기능을 가리킨다. 이 깨어짐은 인생의 건강한 체제들을 파괴하기에 고통스럽다. 내 친구 칼린에게 바로 그런 일이 벌어졌다. 주변의 모든 것이 허물어져 내리고 있었다. 모두 칼린의 긍휼히 여기는 마음 때문이었다. 뭔가 변화가 필요했다.

칼린은 주중 자원봉사 활동을 다 내려놓았다. 자진해서 그만두기는 했지만, 그래도 쉽지 않은 결정이었다. 칼린은 교회 봉사, 이웃과의 사귐, 남편 사랑 등 '좀 더 작은' 일들에 집중하기 시작했다. 칼린에게는 중대한 패러다임 전환이요, 훈련이었다. 하지만 그녀에게 꼭 필요한 변화였다.

칼린이 봉사 활동을 줄이고 난 직후, 찻집에서 그녀를 만났다. 칼린은 평소 같으면 무료 급식소 자원봉사 활동에 몰두할 시간과 에너지를 어떤 일들에 사용하고 있는지 말해 주었다. 이제는 그 시간과 노력을 결혼생활에 투자하고 있었다. 관련 서적들을 읽고,

주변 사람들에게서 남편을 잘 사랑하는 법에 대해 조언을 들었다. 주중 저녁 시간과 주말에는 길거리 봉사 대신 남편과 시간을 보냈다.

칼린은 가난한 사람들을 섬기면서, 열정을 품은 대상에 얼마나 자신을 헌신적으로 내던질 수 있는지를 배웠다. 이제는 난생처음으로, 자신이 무시해 왔던 가까운 관계들에 그것을 적용하는 중이었다. 칼린은 "너무 좋다"고 말했다. 난 그 말을 믿었다. 솔직히 그녀가 부럽기까지 했다. 이 친구는 내가 아직 온전히 이해하지 못한 것을 우연히 발견했다. 우리가 스스로 온전한 삶을 살고 있을 때에야 비로소 깨진 세상의 치유를 도울 수 있다는 것. 우리에게 생명을 가져다주는 체제와 구조들을 무시할 때 우리는 우리 자신과 주변 사람들뿐 아니라 우리가 사역하는 사람들의 삶을 강탈하는 셈이다. 정의라는 명분으로 모든 것을 포기해서는 안 된다. 그것은 가난하고 상처 입은 사람들을 치유하는 데 필요한 안정감을 약화시킬 것이다.

나는 사회정의에 열정을 품은 사람들을 많이 안다. 그들 대부분은 섬길 수 없는 상태가 불편하다는 사실을 인정할 것이다. "그냥 손 놓고 있을 순 없어요!" 하지만 때로 우리는 바로 그 일로 부르심을 받기도 한다. 가만히 있어서, 한층 더 깊은 이야기, 우리 손발로 할 수 있는 일을 뛰어넘는 그 이야기가 진행되고 있음을 아는 것.

물론 이것이 행동하지 않는 데 대한 변명이 되어서는 안 되고, 오히려 청지기의 삶을 잘 살라는 경고라 할 수 있다. 그렇게 살지 못하면, 우리는 한동안 선한 일을 포기해야 할지도 모른다. 우리가 좀 더 온전해질 수 있도록. 성장할 수 있도록. 하나님이 우리에게 원하시는 것은, 우리의 깨어짐(모든 사람은 거기서부터 출발하지만) 때문에 섬기는 것이 아니라, 우리가 온전한 인간으로 다른 사람들의 치유를 돕고 그들도 온전함을 발견하도록 섬기는 것이다. 그 이외의 모든 것은 지나친 정서적 의존이요, 우리의 죄책감을 누그러뜨리려는 가식이다.

떠날 수 있다는 것은 성숙함의 표시다. 우리는 세상의 필요에 처음 눈뜰 때 우리가 목격한 모든 잘못을 바로잡는 일에 골몰한다. 우리가 하는 일에 아낌없이 열정을 쏟아붓는다. '대의명분'에 보탬이 되는 일이라면 1분 1초를 아낌없이 투자한다. 그러나 가난하고 억압받는 사람들을 위해 자신을 쏟아붓다 보면, 결국 몸도, 마음도, 영혼도 소진되고 말 것이다. 그렇게 되면 기도하기도 힘들어진다. 내가 미셸 때문에 그랬던 것처럼, 아무 일도 해주시지 않는다며 하나님을 원망할지도 모른다. 부족한 곳을 메우려고 젖 먹던 힘까지 쥐어짜 낼지도 모른다. 가족이나 교회, 직장, 심지어 자기 자신까지 내팽개칠지도 모른다. 그 과정에서 우리는 우리가 그토록 고치려고 애쓰는 깨어진 상태가 되어버릴지도 모른다.

모든 일을 잘하려고 애쓰면 아무것도 잘하지 못하게 된다. 칼린은 여러 자원봉사 활동을 전전하면서 이 진리를 발견했다. 그녀는 여기저기 얼굴을 많이 내밀었지만 그만큼 봉사 활동을 많이 하지는 못했다. 쓸데없이 바쁘기만 하고 효과는 없었다. 이 세상에는 우리를 끊임없이 분주하게 만드는 필요들이 가득하다. 하지만 계획을 잘 세우지 않으면, 장기적으로는 효과를 거두기 어려울 것이다.

남아야 할 때

초기의 흥분을 진정시키고, 주변 사람들 곁을 지키면서 힘들고 성숙한 일을 하기란 쉽지 않다. 어렵지만, 세상에 영향을 미치려면 반드시 필요한 일이다. 하지만 우리가 건강해질수록, 하나님이 우리를 특정 대상에 헌신하도록 부르실지도 모른다는 사실을 담담하게 받아들여야 한다. 결국, 이것이 '무너진다'는 말의 의미가 아닐까 싶다. 의도적으로 불편함에 발을 내딛고 그 긴장 가운데 살아가는 것.

다시 말해, 반드시 떠나야 할 때가 아니라면 우리가 남아야 할 때도 있다는 것이다. 그렇다면 떠나야 할 때와 남아야 할 때를 어떻게 알 수 있을까? 도망가고 싶다고 느낄 때는 머물러야 할 때다.

무심함. 코가 깨진 한 남자가 도와달라고 말을 건넸을 때 내 심정이 그랬다. 처음에는 일부러 못 들은 체했다. 그를 돕는 게 현명한 행동이 아니라며 합리화했다.

'우리가 이 사람 때문에 여기 온 건 아니잖아.'

나는 이미 그날 치 선행을 다 끝낸 상태였다. 그날 밤, 폴과 나는 난투극 끝에 코가 부러진 제임스와 마주쳤다. 상대가 박치기를 한 모양이었다. 제임스의 표현을 빌리자면, '옳지 못한' 행동이었다. 사방에 낭자한 선혈이 제임스가 거쳐온 곳을 표시해주었다. 가끔 피가 멈추면 그는 재채기로 핏덩이를 쏟아냈고 사방이 피투성이가 되었다. 구역질이 날 것 같았다.

우리는 또다시 지하 도시에서 새 친구들과 시간을 보냈다. 제임스. 치즈버거. 나와는 안면이 없는 한 여자가 코가 부러진 사내 옆에 바싹 붙어 있었다. 근처에는 다른 사람들도 두어 명 더 있었다.

우리는 제임스를 지상으로 데려와 꼼짝 말고 그 자리에 있으라고 당부했다. 그러고는 경찰관이나 구급차를 찾아 나섰다. 어느 쪽이든 빨리 찾는 게 급선무였다. 그러다가 최근에 만난 적 있는 또 다른 노숙자 짐보를 만났다. 그는 내가 지난주에 사준 부츠를 신고 있었다. 짐보는 심장에 문제가 있었다. 수개월 전에 개심술(開心術)을 받았는데 심장이 또다시 말썽이라고 했다. 그는 잘 걷지도 못했는데, 술 때문만은 아닌 듯했다. 그는 우리에게 119를 불러달라고 했다. 우리는 그에게 제임스 곁을 잠시 지켜달라고 말하고는 다시 발걸음을 재촉했다.

어디로 가야 할지, 가서는 뭘 어떻게 해야 할지 아무 생각도 나지 않았다. 나는 두려우면서도, 여전히 정서적으로는 이 상황과 거리를 두려 했다. 내 안의 냉담함이 흔들리고 있었다.

하나님께 길을 보여달라고 큰 소리로 간절히 기도했다. 우리의 안락한 사고방식은 사회제도의 혜택을 누릴 자격이 없는 그깟 부랑자 두어 명 때문에 '너무 멀리' 갈 필요는 없다고 속삭이고 있었다. 그렇게 길모퉁이를 돌다가 구급차와 거의 부딪힐 뻔했다. 구급차는 소방서 바깥에 주차되어 있었는데, 도무지 들어갈 방법을 찾을 수 없었다. 문을 두드리며 소리를 질러봤지만 차 안에는 아무도 없었다.

조금 더 위쪽에 경찰차가 한 대 서 있는 것이 보였다. 서둘러 그쪽으로 가봤지만 경찰관은 없었다. 그 대신, 주차 위반 딱지를 떼고 있던 단속 요원과 마주쳤다. 우리가 자초지종을 설명하자 그는 전화번호를 하나 건넸다. 긴급 전화번호도 아니었다. 우리를 도와줄 사람은 정녕 아무도 없단 말인가?

알려준 번호로 전화를 걸었지만 계속 통화중이어서 일단 돌아가기로 했다. 드디어 전화가 연결되었을 무렵, 우리가 꼼짝 말고 있으라고 한 자리에서 그대로 우리를 기다리고 있는 사내들이 눈에 들어왔다. 그 사람들이 우리 말을 들은 게 신기했다. 정말로 도움이 필요했었나 보다. 우리가 도움을 청하러 간 사이에 (30분 가까이 되지 않았나 싶다) 제임스는 출혈이 멎었다가 다시 시작되었다. 제임스는 자기를 이렇게 만든 상대를 죽여 버리겠다면서 계속 욕을 지껄였다.

짐보는 새 부츠가 맘에 쏙 드는지 부츠 이야기만 해댔다. 심각한 상황인데도 슬며시 웃음이 나왔다. 몇 분 후, 소방차가 도착하고 구급 요원들이 처치를 시작했다. 제임스는 들것에 실리는 동안에도 연신 기침을 해대며 피를 토해냈다. 구급 요원이 그에게 말했다. "말씀하지 마세요. 제 얼굴에 피 튀기는 거 싫습니다."

제임스 주변에 있던 사람들이 발 벗고 나서서 도왔다. 나도 거들었다. 제임스가 전염성 병균을 공중에 토해내자, 사람들의 눈빛에서 두려움과 불안감이 엿보였다. 말끔해 보이는 사람들은 다들 이 지저분한 사내로부터 한걸음 물러났다. 한 사람만 빼고. 우리가 보도 밑에서 그를 발견했을 때 함께 있던 여자였다. 여자는 하얀 옷소매로 제임스의 얼굴에 묻은 피를 닦아내고 있었다. 구급 요원들이 그를 차에 태우자, 여자는 그의 손을 꼭 잡고는 함께 갈 수 있느냐고 물었다.

나는 내가 여전히 이 사람들을 두려워하고 있음을 깨달았다. 여전히 내가 그들보다 낫다고 생각했다. 부끄럽기 짝이 없다.

사람을 사랑하는 것, 사랑받을 자격이 없는 이들을 진정으로 사랑하는 것이 무엇인지 생각할 때면 그 여자가 떠오른다. 비교적 깨끗한 그녀의 셔츠에 제임스의 핏물이 들었다. 그 이미지가 내 마음에 영원히 새겨졌다. 진부한 이야기로 들릴 수도 있지만, 나는 예수님이 생각났다. '사람들의 수준을 비판하지' 않으시고, 오히려 사람들과 같은 수준이 되셔서 그들을 사랑하셨던 예수님. 그분은 스스로 가난해지셔서 가난한 이들에게 사역을 하셨고, 노숙자가 되셔서 노숙자들을 사랑하셨다.

선한 삶, 이렇게 사람들을 사랑하는 삶의 비결을 알고 싶다면, 우리는 도저히 생각할 수 없는 일을 기꺼이 할 각오가 되어 있어야 한다. 더러워져야 한다. 대가를 두려워해서는 안 된다. 다른 사람의 오물을 뒤집어쓰는 것을 감수해야 한다. 우리를 갈라놓는 벽-'깨끗한' 것과 '부정한' 것을 가르는 천박함과 편견들-을 피해서는 안 된다. 어리석고 부주의한 행동을 그만두고 진지하게 이 일을 하려 한다면, 이 모든 것이 무너져야 한다. 사라져야 한다. 그게 아니라면, 우리는 최소한 착각을 멈춰야 한다.

당신이 도와줄 수 없는 어려움에 빠진 누군가-코가 주저앉은 사람이든 약물 중독자든-를 만날 때 당신은 다른 종류의 무너짐을 경험한다. 당신이 그토록 간절히 바라던 것을 할 수 없다고 느낀다. 그리고 도울 수 없다는 무력감. 이런 만남들 때문에 당신이 24시간 이내에 마주치는 모든 갈등을 스스로 해결할 수 있다는 희망을 포기할 수밖에 없다. 당신이 진정으로 변화에 영향을 미치려면 때로는 떠나야 한다는 사실을 깨닫는다. 누군가를 포기해야 해서가 아니라, 영구한 가치가 있는 일을 하기 위해서 말이다.

WRECKED

8장
직장 구하기

Wrecked

"건물에도 사람처럼 신실함이 있다.
물론, 사람이 그렇듯, 드물기는 하다."
... 아인 랜드 Ayn Rand ...

단기 선교여행은 세상을 바꾸기에는 역부족이다. 영향력을 미치기에는 좀 부족한 감이 있다. 물론, 단기 체험은 최초의 '무너짐'을 경험하는 데는 유용하다. 그렇게 찢어진 마음으로 세상을 다른 시선으로 볼 수 있게 된다. 하지만 결국 언젠가는 더 큰 뜻에 헌신해야 한다. 세상에서 당신의 역할을 찾아 꾸준히 그 역할을 감당해야 한다. 진정한 변화를 만들려면, 좀 더 지속적인 헌신이 필요하다. 정착해야 한다. 위험한 상태가 아니라 최고의 상태로 말이다. 직장을 잡고 성장해야 한다.

대학을 졸업하고 어느 선교단체에서 1년간 근무하고 나자, 친구가 내게 물었다. "다음엔 뭐할 거니?" 이것은 여행이 끝날 때 모든 사람이 으레 던지는 질문이다. 하지만 아무도 정답은 모른다.

나는 조금도 주저하지 않고 친구에게 대답했다. "아마도 어려운 일." 그러고는 계속해서 내게 있는 다양한 기회를 설명해주었다. 미주리 주, 캘리포니아 주, 조지아 주는 물론, 중국에도 기회는 있었다. "하지만 아마도 내가 원치 않는 일을 하게 되겠지." 이 말은 자기 학대처럼 들릴 수도 있지만, 그렇지 않다. 나는 인생의 진리를 깨닫기 시작하고 있었다. 때로는 힘든 게 옳다는 진리. 그래서 나는 '한 여자 때문에' 테네시 주로 건너가 친구네 거실에서 7개월 동안 얹혀살면서 아르바이트를 두 개 뛰었다. 화려한 생활은 아니었다. 편하지도 않았다. 그다지 영적이거나 신 나지도 않았다. 하지만 나쁘지 않았다.

우리는 어려운 일들을 하면서 헌신을 배운다. 야망에 대해 조금은 죽어서, 원래 우리가 살아야 할 인생을 살 수 있게 된다. 그런데 헌신을 제대로 배울 수 있는 도구로 직업만 한 게 있을까. 제대로 된 직업을 통해 우리는 제 시간에 나타나 다른 사람들이 믿을 수 있는 일을 해내는 훈련을 한다.

다른 사람들이 당신을 믿어줄 때

나는 매트 스나이더Matt Snyder와 2년간 함께 일했다. 처음 6개월

동안, 그는 격주로 그만두고 싶다는 말을 반복했다. 1년간 전 세계를 여행하고 이제 막 돌아온 그였으니 또다시 떠나고 싶은 그 심정을 이해하지 못하는 바는 아니었다. 하지만 좋은 소리도 한두 번이지, 도저히 견딜 수가 없었다. 더 이상의 불평은 받아줄 수가 없었다. 나는 그에게 사표를 쓰든지 입을 다물든지 하라고 충고했다.

다음 날, 매트가 전화를 걸어 내가 고대하던 소식을 전해왔다. 회사를 그만두고 싶다면서, 재밌는 조건을 내걸었다. 내가 붙잡으면 남겠다는 것이었다. 그가 그럴 정도로 내 밑에 오래 있지는 않았기에, 이상하다 싶었다. 하지만 나는 내가 옳다는 것을 증명하고 싶었다. 이미 그를 자르기로 했지만, 하룻밤만 더 생각해보기로 했다.

그런데 그다음 날, 나도 놀랄 만한 일을 하고 말았다. 매트가 원래 계약대로 12개월간 일하도록 권고한 것이다. 나도 내가 왜 그랬는지 모르겠다. 그냥 그게 옳은 일 같았다. 매트도 뭔가 중요한 교훈을 배워야 할 것만 같았다. 수년 후, 매트는 퇴직자 면접에서 이렇게 말했다. "팀장님의 권유 때문에, 내가 스스로 한 약속을 지키기는 죽기보다 싫었습니다. 하지만 그것은 누군가가 제게 해준 가장 훌륭한 일이기도 했습니다."

이 이야기의 주인공은 내가 아니라 매트다. 대다수 사람들이 꺼리는 일을 그는 했기 때문이다. 그는 끝까지 버텼다. 자기가 원했던 것보다 더 오래 있었다. 그 결과, 그는 의미 있는 큰일을 해냈고, 우리 모두가 그 덕을 봤다. 그 과정에서 그는 소중한 교훈을 배웠다. 나도 마찬가지였다. 그 이후로, 매트는 두 번 다시 자기 일에 대해 불평하지 않았다. 나는 그가 정말로 자기 일을 좋아하기 시작했다고 믿었다. 그 증거가 눈에 보였다. 그의 업무 능력이 놀랍게 향상되었기 때문이다.

자신의 행복만 끈질기게 좇을 때는 만족을 모른다. 하지만 즉각적인 만족을 내려놓고 다른 사람들을 섬길 때 우리는 진정으로 삶을 누리게 된다. 헌신은 희한한 방식으로 우리를 성장시킨다. 우리는 잃음으로써, 자기 권리를 포기함으로써 스스로를 발견한다. 내면의 아이는 숨어서 책임을 회피하려 하지만, 우리는 오히려 당당히 맞서 인내한다. 그러면 매트처럼, 결국엔 유익이 있다.

우리 팀과 조직은 매트가 수많은 시간을 들인 의미 있는 일로부터 유익을 얻었다. 그의 일은 수많은 사람의 삶에 영향을 미쳤다. 그가 그 일을 못할 뻔했다고 생각하니 아찔하다. 이것이 우리가 헌신해야 하고, 하기 싫어도 같은 직장에서 오래 버텨야 하는 이유다. 불편한 느낌이 직관이 아니라 두려움일 수도 있기 때문이다. 그 두려움에 맞서 앞으로 나아가 극복해야 한다. 우리에게 헌신이 필요할 뿐 아니라 이 세상에 헌신이 필요하기에, 우리는 헌신해야 한다.

당신에게는 이벤트 이상이 필요하다

최근에 시카고 지역 대학교수로 있는 스캇 맥나이트Scot McKnight를 인터뷰하면서, 요즘 젊은이들을 보면서 가장 염려스러운 것이 무엇이냐고 물었다. 그는 평생 이어질 좋은 습관을 길러야 할 시기에 각종 이벤트와 체험들만 쫓아다니는 젊은이들의 세태를 염려했다. 그의 말은 나에게 직격탄을 날리고 있었다.

소수의 예외를 제외하고는, 대다수 사람들은 날마다 다른 직업을 갖지는 않는다. 직업의 속성이 그렇지가 않다. 좀 더 장기적이다. 날마다 다른 직업을 가져야 한다면, 우리는 아무 일에도 능숙해지지 못하고 일로 미칠 수 있는 영향력도 미미할 것이다. 직업은 이벤트가 아니라 생활방식에 가깝다. 그런데도 왜 우리는 긍휼을 단순한 체험으로 축소시킬 때가 많은가? 긍휼을 토요일 오후에 교회에서 주최하는 '자원봉사의 날'이나 개발도상국으로 가는 일주일짜리 선교여행 정도로 생각한다.

나는 누구보다 더 그 점에 죄책감을 느낀다.

어느 토요일, 암 투병 중인 팻을 만났다. 팻은 차도, 돈도, 음식도 없었다. 공항 근처의 한 아파트에서 살고 있었는데, 그나마도 곧 쫓겨날 처지였다. 우리 둘은 첫 만남부터 마음이 통했고, 이후로 나는 정기적으로 팻의 집을 찾아가기 시작했다.

일주일에 한 번 정도, 팻에게 음식을 가져다주고 그녀의 이야기를 듣곤 했다. 팻은 담배를 오래 피워 걸걸해진 목소리로 심한 보스턴 사투리를 구사하며, 자신이 찾아갔던 여호와의 증인 이야기를 들려주곤 했다. 팻은 그들이 말하는 내용을 다 믿지는 않았지만 그곳의 성경공부 방법이 마음에 들었다고 했다. 우리는 팻의 애완견과 정부 이야기, 형편없는 공공 지원정책에 관해서도 이야기했다.

한번은 팻이 월세를 내지 못했다. 그녀가 길거리로 쫓겨나지 않도록 나와 몇몇 친구들이 팔을 걷어붙이고 나섰다. 팻은 이전에도 길거리에 나앉은 적이 있었다.

팻은 다시는 길거리로 돌아가고 싶지 않다고 단호하게 말했다. 나도 동의하는 뜻으로 고개를 끄덕였다. '그런 일은 없을 거예요.' 나는 팻의 일시적인 필요를 도울 수 있을 뿐이었다. 그녀도, 나도 그런 현실을 잘 알았다. 하지만 달리할 수 있는 일이 뭐가 있겠는가?

결국 나는 팻의 집에 발길을 끊었다. 다른 일로 바쁘기도 했고, 팻도 내 전화를 받지 않았다. 연락이 끊겼다. 별로 자랑할 만한 일은 아니다. 더 자주 찾아가고, 연락도 계속 취했어야 했다. 하지만 그러지 않았다. 내가 팻을 떠났다. 부끄러운 일이다. 그러나 가장 당혹스러운 사실은, 내가 팻을 장기적으로 도와줄 수 있는 다른 사람들을 연결해 주려고 애쓰지 않았다는 것이다. 나는 로운 레인저Lone Ranger, 그녀의 유일한 구세주가 되려고 안간힘을 썼다. 팻의 메시아가 되고 싶었던 것이다. 그래서 결국 실패하고 말았다. 당신도 나처럼 긍휼을 일련의 개인적 체험으로 생각했다간 나와 같은 꼴이 될 것이다. 내게는 사람들을 좀 더 장기적으로 돕기 위한 사고방식이 필요했다.

나도 예전에는 단기 선교를 곱지 않은 시선으로 보았다. 단기 선교는 아무 효과도 없다고 생각했다. 그런데 보름간 멕시코로 선교여행을 다녀온 이후로 그 효과를 믿게 되었다. 2주간의 짧은 일정이었지만, 교회가 세워지고 마비 환자가 낫고 공동체가 되살아나는 것을 목격했다. 이제는 단기 선교여행의 잠재력을 믿는다. 그래서 단기 선교로는 부족하다고 말하기가 더더욱 쉽지 않다.

단기 선교는 연결이라는 최종 목적을 위한 수단이다. 우리는 우리 마음과 세상의 필요를 연결하고 있다. 그러나 그 연결이 섬기는 사람과 섬김을 받는 사람들의 더 깊은 변화로 이어지지 않는다면 무의미하다. 여기서 우리가 말하는 변화는 장기적 변화이지, 단기 헌신에 중독된 하위문화가 아니다. 단기 헌신은 일시적 흥분 상태를 낳고, 흥분이 가신 자리에는 다음 해 여름이 되어야 다시 채워질 회의와 정서적 공백만 남는다.

이렇게 단기 체험에 대한 환상이 깨지고 나서 나는 길거리에서 노숙자를 찾아 헤매는 일을 그만두고 선교단체에서 봉사 활동을 시작했다. 나를 겸손하게 만든 힘든 결정이었지만, 그만큼 가치 있었다. 스페인 길거리에서 미카를 만난 이후로, 늘 어려운 사람들을 섬기는 특별한 일을 하고 싶어 했다. 하지만 내슈빌에서 중대한 교훈을 얻었다. 긍휼은 전임 소명이라는 것. 그렇기 때문에 진지하게 생각해야 한다는 것. 프리랜서가 되어 항상 다음 프로젝트를 찾으며 살 수도 있고, 장기 사역을 하는 기관에 들어갈 수도 있다. 후자가 훨씬 더 효과적이다.

선교단체를 처음 찾았을 때는 내가 무슨 배신자라도 된 것 같았다. 내가 늘 바라던 거리의 '급진주의자' 대신, 선교단체에서 자원봉사나 하는 '쉬운' 일을 택한 것만 같았다. 나의 기업가적 감각에 거스르는 행동이었지만, 솔직히 말해, 나는 지칠 대로 지쳐 있었다. 길거리에서 사람들을 만나 기껏 사귀면, 몇 주 뒤에는 볼 수가 없었다. 사람들의 거짓말에 속고, 사랑하는 사람들이 고통스러운 과정을 고스란히 반복하는 모습을 지켜보는 데 진절머리가 났다. 그래서 다른 사람의 방법을 시도해보기로 했다.

내슈빌 레스큐 미션Nashville Rescue Mission의 조시 다넬Josh Darnell 간사는 자신도 수년간 길거리에서 사역했다고 말해 주었다. 그래서 나는 "그런데 왜 지금은 번듯한 건물 안에서 노숙자들의 재활 프로그램을 돕고 있느냐?"고 되물었다. 자기 혼자 사람들을 만나는 것으로는 부족했다는 대답이 돌아왔다. 길거리에서 굉장한 대화를 나눌 수 있을지는 몰라도, 그런 관계에는 양쪽 모두 헌신이 없었다. 조시는 온전한 변화를 위해서는 어느 정도 통제가 필요함을 배웠다고 했다. 망가진 사람들을 장기적으로 도우려면 그들을 좋지 않은 환경에서 분리해야 한다. 그래서 그는 선교단체에서 일하기 시작했다. 나도 같은 이유로 그가 하는 일에 동참했다.

깨달음에서 적용으로

내 친구 매튜 폴 터너Matthew Paul Turner는 최근에 블로거들을 이끌고 월드비전World Vision을 통해 가난한 나라들을 방문한 이야기를 들려줬다. 여행 이후의 반응을 묻자, 그는 사람들이 일종의 역문화충격을 경험하고 있다고 답해주었다. 장보기나 백화점 쇼핑 같은 간단한 일들을 힘들어한다는 것이다. 세상에는 궁핍한 사람들이 너무 많은데, 자신들이 누리는 풍요를 받아들이기 어려웠다.

나는 1년에도 수차례씩 다녀오는 아프리카와 남미 지역 출장이 그에게 어떤 영향을 미치는지 물었다. 그는 시간이 조금 지나면 무감각해지는데, 그것이 자신에게는 좋은 현상이라고 말했다. 그 사람들에게 영향을 미치려면, 어느 정도 시간이 흐른 뒤에 비극을 목격한 초기의 충격을 무시할 수 있어야 한다. 고통을 넘어서야 한다. 불편함은 잠시 잊고 할 일을 해야 한다. 그의 말을 여기 옮겨본다.

> 최초의 무너짐이 지속적으로 나를 변화시키려면, 반복해서 깨어짐을 경험하도록 의도적으로 힘써야 한다. '필요'는 우리 주변에 널려 있다. 다른 곳에 사는 가난한 사람들을 돕기 위해 최선을 다하는 것이 가장 중

요하지만, 단기 경험을 통해 지금 여기를 바라볼 수 있는 안목을 키우는 것 역시 중요하다. 선교지를 찾을 때마다 매번 감동을 하고 여러 차원에서 마음이 무너지지만, 내가 맨 처음 루마니아에서 겪었던 깨어짐을 다시 만날 수 있을까 싶다. 사실, 다시 만나지 않았으면 좋겠다. 왜냐하면 그 체험은 나의 체험, 내 마음의 변화, 내 눈이 뜨인 경험이기 때문이다. 그 경험 때문에 나는 소유를 줄이고 지속 가능한 삶을 추구하게 되었다. 지금 내가 가난과 불의를 목격하면서 무너짐을 경험하지만, 나는 하나님이 이 경험들을 사용하셔서 내가 그들을 위해 변화를 가져오도록 도우시고, 그들에게 필요한 기본적인 것들을 공급하시는 일을 내가 도울 수 있기를 기도한다. 나는 그 체험을 나에 대한 것, '아메리카니즘' 등으로 만들려는 유혹에 맞서 싸워야 한다. 하지만 '아메리카니즘'에 맞서 싸운다고 해서 보청기가 필요한 볼리비아 소년을 도울 수는 없다. 나는 그 소년을 위해 종일 울며 감상에 빠질 수 있다(이것이 꼭 나쁘지만은 않다. 때로는 이런 행동도 필요하다). 이런 말을 할 수도 있을 것이다. "내가 그 아이를 위해 보청기를 사주면 어떨까?" 그러면 내 '무너짐' 때문에 그 아이가 들을 수 있게 된다. 어떤 면에서 이것은 균형 잡힌 행동이다. 모든 사람에게는 최초의 무너짐이 필요하다. 그 무너짐이 철저히 우리 자신의 것이 되어야 한다. 그래서 모든 것에 의문을 제기하고, 자신의 이기적인 방식을 무너뜨려야 한다. 하지만 그다음에는 또 다른 무너짐이 계속해서 필요하다. 그 무너짐을 통해 우리는 우리를 무너뜨리고 있는 사람들과 이야기들, 얼굴들과 불의들을 위해 현실을 바꿀 수 있다.

무너짐은 오롯이 우리의 체험이지만, 긍휼은 다른 사람과 관련된다. 무너진 상태에 영영 머물 수만은 없다. 결국엔 다시 앞으로 나아가야 한다. 그것이야말로 우리가 겪는 가장 큰 무너짐일지도 모른다.

우간다 선교사인 내 친구 캐리는 이와 동일한 진리를 다르게 체험한 바 있다. 캐리는 아프리카에서 오랫동안 과부들을 섬기면서 자신이 목격하는 상황들에 점점 더 익숙해져 갔다. 우리가 함께 만났던 아침, 캐리는 그곳 정부가 한 마을 전체를 불도저로 밀어버렸다는 이야기를 들려주었다. 정부가 그 땅을 원해서 빼앗았다는 것이다. 나는 캐리에게 그런 곳에서 오래 지내면 가난이나 고통, 불의에 둔감해지지 않느냐고 물었다.

"아니요, 둔감해지는 게 아니라 덤덤해질 뿐이죠." 캐리는 둔감해진다는 것은 같은 상황이 과거처럼 당신에게 영향을 주지 않는다는 의미라고 했다. 같은 상황이 닥쳐도 더 이상 마음이 찢어지지 않는다는 의미다. "그건 사실과 달라요."

정신적 외상을 초래할 만한 사건이 벌어지면, 사람들은 충격에 빠져 일시적인 마비 상태를 겪는다. 줄자에 손을 베었을 때도 내게 비슷한 상황이 벌어졌다. 처음에는 고통을 느끼지 못했다. 혼자 손을 감싸 쥐고는 병원으로 달려갔다. 그제야 고통이 느껴졌다. 욱신거리는 통증이 서서히 퍼졌다. 손에는 그때 상처가 아직도 남아 있다. 내 경우엔 충격 덕분에 위급한 상황을 잘 넘길 수 있었지만, 때로는 그것이 위험할 수도 있다. 충격이 너무 크면 아무것도 하지 못하기도 하고, 충격 때문에 남을 돕기도 한다. 하지만 언젠가는 그 충격은 사라지고, 희미하게 남은 고통으로 우리가 어떤 결단을 내리느냐 하는 문제만 남는다.

캐리는 가슴이 찢어지는 광경을 날마다 목격한다. 그 광경은 대다수 사람에게 큰 충격을 줄 것이다. 하지만 캐리는 더 이상 그 모습에 망연자실하고 있지만은 않는다. 그러면 최초의 충격을 넘어서서 뭔가 의미 있는 일을 할 수 있다. 감정은 잦아들지만, 고통은 절대 잦아들지 않는다. 더 이상 놀라지 않는 것의 이점은 남을 도울 수 있게 된다는 것이다. 충격으로 넋 놓고 있는 상태를 벗어나, 다른 사람들을 이끌 수 있다. 캐리를 의지하는 사람들(대부분은 과부들)이 70명이 넘는다. 그녀는 강해져야 한다.

둔감해지는 것과 더 이상 놀라지 않는 것의 차이는, 당신이 여전히 뭔가를 느낀다는 사실이다. 어떤 상황을 보고 그것이 잘못이라고 판단한다. 때로는, 많이 놀라지 않기 때문에 그 상황에 대처할 수 있다. 예전 같으면 당신을 완전히 무너뜨렸을 상황들을 이제는 처리할 수 있다. 그리고 그렇게 제대로만 할 수 있다면, 당신은 늘 그 고통의 일부를 느낄 것이다.

캐리는 자신이 몸담은 도르가 과부들 Dorcas Widows에 최근 입사한 인턴사원 르네의 이야기를 들려주었다. 르네는 우간다에서 보고 듣는 상황 때문에 힘겨워하고 있었다. 아프리카에서는 평범한 문화 관습과 생활인데, 그녀가 받아들이기엔 너무 벅차다. 캘리포니아 출신 르네에게는 모든 것이 조금씩 거슬렸다. 그러나 좋은 소식도 있었는데, 그녀 혼자만 그런 것이 아니라는 것이었다. 캐리는 르네에게 이렇게 말해주었다고 한다. "외롭고 슬프고 좌절되고 화도 날 거예요.…그 심정 충분히 이해합니다. 하지만 그런 일들이 벌어지지 않게 할 도리는 없어요." 이것은 당신의 감정과는 상관이 없다. 모두가 뭔가를 느끼게 마련이다. 처음의 충격이 사라지고 격한 감정이 잦아들고 나면, 남는 것은 당신의 행동뿐이다. 고통 속으로 들어가 두려움을 통과하여 단호한 행동을 취해야 한다.

영원한 유산 남기기

린 커질Lynne Kurdziel은 다른 20대들처럼 대학 졸업장과 큰 포부를 가지고 사회생활을 시작했다. 린은 큰 회사에 취직해서 돈을 많이 벌면서 경력과 연봉을 쌓아가기 원했다. 그렇지만 얼마 못 가 그런 추구가 만족을 주지 못한다는 사실을 깨달았다.

린은 다른 친구들보다 좀 더 일찍 뭔가를 달성해야겠다고 생각하고, 단기 경험에서 장기 영향력으로 직행했다. 우리에게도 이런 결단이 필요하다. 린이 직접 한 말을 여기 옮겨본다.

졸업하고 얼마 되지 않아 수십억 달러 규모의 대기업에 입사해서 상급 관리자가 되기 위한 훈련을 받고 있었어요. 바라던 것을 다 손에 넣었죠. 화려한 회의실, 있어 보이는 정장 등. 그런데 승진 사다리라는 게 우스운 것이, 제 생각만큼 만족스럽지 않더라고요. '비즈니스 세계'의 시나리오 자체가 하나같이 다 불만족스러웠어요. 날마다 상어 양식장으로 출근하는 기분이었답니다. 그 압박이 너무 커서 거기서 성공해 보겠다는 목표가 오히려 빛이 바래기 시작했죠.

린은 자기 인생이 자기 것이 아님을 깨닫기 시작했다. 부와 명예 자체가 목적이 되면 아무 의미가 없음을 간파하기 시작했다. 린은 여전히 경력을 중요하게 생각하지만, 그 이면에 수많은 사건이 벌어지고 있었다. 개인의 삶에서 그녀는 일종의 깨달음을 얻었다. 교회 활동에 적극 참여하고 인생에 대한 관점을 바꾸기 시작했다. "머지않아 내 인생에 '돈을 좇는 것' 이상의 의미가 있음을 깨닫기 시작했어요."

린은 새 직업을 알아보기 시작했다. 다른 기업에 일자리를 얻었다. 회사 측에서 먼저 제안을 해왔고, 그 제안을 수락한 린은 이전 직장을 그만두었다. 하지만 2주 후에 그 기회는 날아가 버리고 말았다.

갑자기 실업자가 된 린은 이후 6개월간 수입도, 가망도 없이 지냈다. 이 불확실한 상황은 그녀가 자기 영혼을 탐색하는 계기가 되었다. 린은 이렇게 회고했다. "그때 저로 말할 것 같으면, 마케팅 경력과 '의미 있는 일'(그것이 뭐가 됐든)에 대한 관심이 있지만, 직업과 돈은 없는 상태였죠." 바로 그 지점에서, 린은 중요한 질문들을 던지기 시작했다. "내가 만약 어떤 일이든 할 수 있고 돈 걱정할 필요가 없다면, 무슨 일을 할 것인가? 내가 가진 것 중에 세상에 이바지할 수 있는 것은 무엇인가?"

몇 주 후에, 린에게 좋은 생각이 떠올랐다. 회사를 차리면 어떨까? 사역, 교회, 비영리 단체 등 가치 있는 메시지를 전하는 기관들에 대기업에서 흔히 볼 수 있는 수준의 서비스를 제공하는 그런 곳을 시작한다면? 생각만 해도 신이 났다.

> 단체들이 자신의 메시지를 전하고, 투자를 받고, 노출과 홍보 효과를 극대화하도록 도울 수 있을 것 같았습니다. 사업에 대해서는 아무것도 몰랐지만, 나를 두렵게 하는 다른 것들과 마찬가지로, 일단 뛰어들고 보자고 생각했죠. 그래서 시작했습니다. '괜찮은 아이디어' 하나만 믿고 사업가로 첫발을 내디뎠습니다. 그게 다였어요. 이제는 월급을 받는 것도 아니고 (사업 모델은 고사하고) 아직 고객도 없었기 때문에 전세 계약을 깨고 아파트에서 이사를 나왔습니다.

이후 몇 달간, 린은 중고 매매 사이트에 물건을 팔아 그 돈으로 임대료와 초기 비용을 댔다. 그렇게 세월이 흘러, 이제는 단체와 사업체가 자기 이야기를 하도록 돕는, 어엿한 팀을 이끌고 있다. 린과 그가 이끄는 팀은 마흔 개 비영리단체를 고객으로 두고, 그들의 브랜드 개발, 사명 소개, 온라인 홍보 등을 돕는다. 그 과정에서 린은 자신의 생계를 꾸리고 다른 사람들도 돕고 있다. 이곳은 뉴욕의 '광고거리'는 아닐지 몰라도, 그녀가 자랑스러워할 만한 유산이다.

린은 많은 사람들이 하지 못한 일을 해냈다. 순간의 열정과, 영원한 영향력을 미치는 일을 하고 싶다는 의지 사이의 틈새를 메운 것이다.

그만둬야 할 때

일에는 두 종류가 있다. 반드시 해야 하는 일과 자연스럽게 하게 되는 일. 둘 다 당신을 기진맥진하게 할 수 있다. 때로는 두 가지 일을 구분하기 어려워서, 그만둬야 할 때가 언제고 견뎌야 할 때가 언제인지 알기 어렵다. 이 둘의 차이를 아는 것이야말로 당신의 소명을 발견하고 정말로 중요한 일을 할 수 있는 열쇠다.

지난주에는 일이 얼마나 힘들었던지, 정말로 이 일을 그만둬야 하나 심각하게 고민했을 정도다. 내가 맡은 책임과 기대감이 최고조에 달한 상태에서 출장을 다니고, 나의 한계를 넘어서는 수많은 회의에 참석하고, 한꺼번에 너무 많은 프로젝트와 사람들을 처리하고 있었다. 입에서 악 소리가 날 정도였다. 게다가, 내가 몸담은 조직과 팀은 과도기를 겪고 있었다. 업무 시간이 늘면서 수면 시간은 모자라고, 내 몸은 고전을 면치 못하고 있었다. (나는 잠을 못 자면 몸이 아프다.)

그래도 희한하게, 마음만은 쌩쌩했다.

오해는 없기 바란다. 끔찍한 한 주였다. 주말이 다가오니 얼마나 기뻤는지 모른다. 하지만 그런 때에는 희한하게 기운이 펄펄 나기도 한다. 당신의 에너지와 시간을 쏟을 만한 가치가 있는 일에 온전히 한 몸을 던지는 한 주.

브래드 피트Brad Pitt와 줄리아 로버츠Julia Roberts가 주연한 영화 "멕시칸"The Mexican을 보면 여러 등장인물이 반복해서 던지는 질문이 하나 있다. "두 사람이 서로 사랑하는데 자꾸 부딪힐 수밖에 없다면, 어느 정도까지 참아야 하는가?"[25] 영화 내용이 암시하는 대답은 '끝까지'이다. 진짜 사랑은 포기하지 않는다. 절대로. 나도 결혼생활, 가족, 친구, 소명 등 내가 맺는 중요한 관계들에 대해 같은 감정을 느낀다. 소명을 좇다가 지치면 어떻게 해야 하는가? 그래도 버텨야 한다. 끝까지 헌신하면서 어려운 문제들 가운데 인내하는 것에는 유익이 많다. 기쁨과 만족도 따른다.

2010년 아이티에서 발생한 지진은 이 시대 서반구의 가장 큰 자연재해로 끔찍한 결과를 가져왔다. 우리 단체는 즉시 인도주의적 지원과 구호품을 공급했다. 사람들은 끊임없이 죽어가고, 도움의 손길은 부족했다. 우리는 신속히 행동해야 했다. 대다수 직원들은 24시간 근무 체제에 들어갔다. 몇 주간, 나도 밤늦게까지 일하고 아침 일찍 일어나는 강행군을 지속했다. 깨어 있는 시간에는 잠시도 컴퓨터에서 눈을 떼지 못했다. 매일같이 지진 관련 속보와 구호 상황을 알리는 이메일이 쏟아졌다. 힘들고 지치지만 그만한 가치가 있는 일이었다. 아내도 나의 과중한 업무에 불평을 쏟아내지 않고 내가 하는 일이 얼마나 중요한지 이해해 주었다. 아내는 내가 감당해야 할 책임이 있고, 사람들이 나를 의지하고 있음을 알고 나를 격려해주었다.

정신없이 일에 매달리던 그때, 사람들은 내게 왜 그렇게 열심히 일하느냐고 물었다. 내가 맡은 일은 보도 자료를 배포하고, 지진 피해를 당한 사람들을 도울 방법을 주민들에게 알리는 블로그를 업데이트하는 것이었다. 새 소식이 들어오는 때를 제외하고는 24시간 내내 전화통을 붙잡고 동료들과 다른 구호 방법들을 논의했다. 과중한 업무였지만, 반드시 해야 할 일이었다. 혼신의 힘을 다해 일에 매달리느라 정신적 자원은 고갈되었지만, 희한하게도 생기가 넘쳤다.

내가 아이티 구호 기간에 겪은 이런 경험이 모든 사람에게 필요하다. 일 중독자의 강박이나 변명이 아니라, 진정한 소명, 부르심을 느끼는 그런 경험 말이다. 그것이 당신의 본업은 아닐 수도 있지만, 소명은 당신 영혼 깊은 곳에 숨어 발견되기만을 기다리고 있다.

직업과 소명이 항상 동의어이지는 않다. 예를 들면, 부모 역할이나 예술이나 사랑은 기진맥진할 정도가 되어서도 꿋꿋하게 해나간다. 녹초가 되어서도 어쨌든 해낸다. 그럴 가치가 있는 일이기 때문에. 소명이란 원래 그런 것이기 때문에. 소명은 당신이 선택한 것이 아니라, 당신이 부름 받은 일이다.

진정한 소명을 추구하는 과정에서 힘든 점은, 소명이 찾아오기를 기다리는 것-그러다 보면 계속 미루는 습관이 생긴다-이 아니라 헌신의 기술을 연마하는 것이다. 언제 사랑에 빠질지는 모르기 때문에, 그 순간을 대비하는 것밖에 할 수 있는 일이 없다. 소명도 마찬가지다.

당신은 단기 헌신이나 직장을 부담으로 여겨서, 극복이나 화풀이의 대상으로 생각할 수 있다. 아니면, 앞으로 찾아올 진짜 소명을 연습하는 것으로 생각할 수도 있다. 후자의 경우라면, 당신이 하는 일을 사랑할 준비를 함으로써 궁극적으로 당신이 사랑하는 일을 하면서 감사할 수 있다.

이것이 직장을 잡는 것의 유익이다. 나도 같은 유익을 얻었다. 직장을 구하면서 나는 헌신하는 법을 배웠다. 완벽한 직업은 아니지만 (세상에 그런 것은 없다) 지금 나에게 가장 적합한 일이다. 그걸 어떻게 알 수 있느냐고? 내가 성장하고 있기 때문이다. 힘들지만, 내 능력을 최대한 발휘하고 있다. 그래서 나는 전혀 새로운 방식으로 무너짐을 경험하는 중이다.

9장
원치 않는 곳으로

Wrecked

"네가 젊어서는 … 원하는 곳으로 다녔거니와 늙어서는 …
남이 … 원하지 아니하는 곳으로 데려가리라"

… 예수 …

    음악을 연주하며 전국을 떠돌던 시절, 나이가 지긋한 어르신들에게서 이런 말을 자주 들었다. "멋진 일이구먼. 젊어서 하기에는 말이네."

    '젊어서 하기에는.'

    그 말이 거슬렸다. 끊임없이 나를 따라다니면서 괴롭혔다. 그 말은 부서진 꿈과 대리 인생의 냄새를 풍기면서, 내게 곧 닥칠 끔찍한 성인기를 예감하는 듯했다. 솔직히 말해서, 나는 그 사람들이 핑계를 대고 있다고 생각했다. 당신이 두루뭉술한 발언으로 특정 행동을 '젊어서 하는' 부류로 몰아넣을 수 있다면, '급진적인'

삶(내가 그렇게 살고 있다고 생각했기 때문에)에 죄책감을 느끼지 않기가 더 수월해진다.

하지만 이제는 그 사람들이 좋은 뜻에서 그렇게 말했음을 알겠다. 그런 말을 해준 사람 중 다수는 내게 지혜를 전해주고 있었다. 그들은 현실을 가르쳐주고 있었던 것이다.

젊을 때는 세상이 다 내 것이다. 여행을 떠나고, 모험을 하고, 우리가 알지 못했던 세상을 발견한다. 하지만 대다수 사람은 어느 시점에선가 그런 삶을 멈춘다. 어른이 되어 집을 사고, 상사가 생기고, 각종 고지서를 챙긴다. 결국에는 우리가 원치 않는 곳으로 간다. 우리가 가야만 하는 곳, 우리를 부르는 장소로 간다. 내면의 청소년이 반항하지만, 어른은 그게 옳다는 걸 안다.

나이가 들면, 내가 삶을 주도하는 것이 아니라 때로 삶이 나를 주도한다. 당신이 허락하거나 깨닫기도 전에, 원치 않던 자리에 뚝 떨어진다. 거기서는 전에 누리던 자유를 더 이상 누릴 수 없다. 당신은 여러 헌신에 갇혀서 빠져나오지 못한다. 나이가 들수록 사람들은 당신을 의지한다. 진짜 책임을 지는 것이다.

그러니 젊을 때 하고 싶은 것을 맘껏 하라. 앞으로는 그렇게 살 수 없을 테니. 늘 지금처럼 아무 걱정 근심 없이 자유로이 살 수 있는 것이 아니다.

새로운 계절을 맞이하기

인생에는 여러 계절이 있다. 여기저기 돌아다니면서 들뜬 마음을 탐색해야 할 때가 있는가 하면, 그래서는 안 되는 때가 있다. 20대는 일종의 환절기다. 당신이 주어진 기회를 선용하려 한다면, 이 점을 깨닫는 것이 중요하다.

샤우나 니퀴스트Shauna Niequist는 『괜찮아, 다 잘하지 않아도』(Bittersweet, 두란노 역간)에서 이렇게 쓴다. "광야의 시기가 있고 정착의 시기가 있는데, 지금은 그 어느 계절도 아니다. 지금은 무언가가 되어가는 시기다. 깜짝 세일에 넋을 잃지도 말아야겠지만, 승진에 정신이 팔려서도 안 된다."[26]

내 상사인 세스는 20대를 '연속 인턴십' 시기라고 부른다. 다양한 직책을 시도하고 체험하고 실패하면서 배운다. 진정한 당신을 찾아가는 것. 이 시기에 할 일이 바로 그것이다.

머지않아 헌신의 시기, 당신의 진정한 모습을 찾는 그런 시기가 온다. 어려운 결정을 내리고, 때로는 원치 않는 일을 해야 하기도 하는 그때. 이것은 중요하고, 또 필요한 일이다. 아주 오랫동안, 나는 이것이 가장 큰 변절의 순간이라고 생각했다. 내 자유를 저당 잡힌 채 남은 평생 공허한 헌신들에 나를 옭아매는 결정. 나는 내가 드라마 "더 오피스"The Office의 등장인물처럼 단조로운 생활에 한눈을 파는 신세가 되리라고 생각했다. 하지만 전혀 그렇지 않았다.

때로 우리는 기다리고 듣고 배울 필요가 있다. 평생의 직업을 찾는 과정에서도 마찬가지다. 나는 스물다섯 살 때 그런 경험을 했다.

내가 그때 어디서 무엇을 하고 있었는지 똑똑히 기억난다. 차를 몰고 내슈빌 도심으로 가는 중이었다. 당시에 나는 내슈빌의 한 노숙자 구제 사역 단체에서 자원봉사를 하고 있었다. 몇 달 전에 직장을 잡은 터라, 일과 거리 사역을 병행하는 데 애를 먹고 있었다. 내 마음은 미래에 대한 다양한 가능성으로 소용돌이치고 있었다. 이제 막 결혼을 하고 직장을 잡고 교회에 정착했지만, 더 많은 것을 얻고 싶다는 유혹에 흔들렸다. 나는 속고 있었다.

마음 깊은 곳에서 속삭임이 들렸다. 나지막하고 고요한 목소리가 나더러 속도를 줄이라고, 내가 있는 곳을 파악하고 그곳을 지키라고 말했다.

나는 그 소리를 똑똑히 기억한다. 정말로 귀에 들리는 게 아닌가 싶을 정도로 확실한 음성이었다. 내 모든 꿈, 모든 야망은 이뤄지지 않을 것이다. 내가 바라던 것은 더 이상 중요하지 않았다. 사람들은 나를 의지하고 있었고, 하나님이 내게 꿈보다 많은 것을 기대하고 계심을 알았다. 그분은 내 행동을 원하셨다.

으스스한 기분이었다. 독자들은 내가 미쳤다고 생각할지도 모르겠다. 아마 정말로 미쳤는지도 모른다. 하지만 그 음성을 부정할 수는 없다. 내 귀로 똑똑히 들었으니까. '지금은 헌신할 때다.'

그 자리에서 온몸이 얼어붙는 것 같았다. 운전 중에 브레이크를 밟지 않은 게 천만다행이다. 그 말씀은 그날 종일, 이후로도 오랫동안 내 머릿속을 떠다녔다. '지금은 헌신할 때다.' 그로부터 5년 넘게, 나는 같은 직장을 다니며, 같은 동네에서 같은 아내와 살고 있다. 전에는 한 번도 없었던 일이다. 과거에는 나를 두렵게 했던 것-눈 깜짝할 사이보다 더 오래 무언가에 헌신한다는 생각-이 이제는 평안과 확신을 준다. 함정에 빠진 느낌이 아니라, 내가 살아야 할 인생을 자유롭게 살고 있다는 느낌이다. 가장 좋은 것은, 그 과정에서 나와 함께하는 분이 계시다는 것이다.

젊을 때는 당신이 세상을 보는 방식을 바꾸는 선택을 할 것이다. 밤을 새우고, 충동적으로 행동하고, 한 번도 해보지 않은 일들도 해보라. 남은 평생이 따분해서가 아니라, 그 시기는 그런 때이기 때문이다. 다음 계절에는, 다른 결정을 해야 할 것이다. 그 어려운 결정들도 동일하게 당신을 빚을 것이다. 그때는 집을 사거나 기저귀를 갈 것이다. 한 달이 아니라 1년 넘게 같은 직장에 다닐 것이다. 모두 하나님이 당신을 빚어가고 계시기 때문이다. 그분은 당신에게 기다리는 법, 인내하는 법, 성장하는 법을 가르치고 계신다. 이것은 세계 여행이나 먼 곳으로 이사하는 것만큼이나 불편한 일이다. 어쩌면 그 이상으로.

새로운 습관 형성

대학에 다닐 때 운동으로 몸을 단련한 적이 있었다. 하지만 체력 관리를 썩 잘하는 편은 아니었다. 대학 생활은 강요가 없고 스트레스가 많다. 늦은 밤에 모임을 하고, 아침 일찍 시험 보고, 예상치 못한 응급 상황도 잦다. 남아도는 게 시간이라 (과거의 나처럼) 시간 관리가 형편없는 사람에게는 끔찍한 자유가 될 수 있다. 그런데 졸업을 앞두고 드디어 체육관을 열심히 드나들게 되었다. 친구와 이틀에 한 번씩 아침에 만나 운동도 하고 대화도 나누기로 했다.

그러던 어느 날, 라커룸에서 안면이 있는 독일인 교수님을 우연히 만났다. 수업을 들은 적은 없지만, 외국어 관련 행사(나는 스페인어를 전공했다)에서 알게 된 분이었다. 그때 그 교수님과 나눈 대화가 잊히지 않는다. 첫 번째 이유는 옷을 갈아입으면서 다른 남자와 라커룸에서 대화하는 것(진짜 남자가 되려면 따라야 하는 불문율에 어긋나는 행동)이 어색했기 때문이었고, 두 번째 이유는 그분이 나눠주신 지혜 때문이었다.

교수님이 "안녕" 하고 인사를 건넸다. 나는 구시렁대며 인사를 받았다. 오전 6시쯤 되었을까. 도대체 무슨 정신으로 친구와 이런 약속을 했는지 여전히 의문인 상태였다. "여긴 어쩐 일인가?" 하고 교수님이 물으셨다.

"아, 그게…친구랑 운동하고 있습니다." 아마 눈을 감은 채로 이렇게 대답했던 것 같다.

"그것참 잘했군. 운동은 자주 하나?"

"아, 예. 이틀에 한 번씩 운동을 시작한 지 몇 주 되었습니다." 나는 어물쩍이며 대답했다. 독일어로 대답했던 것 같기도 하다.

"좋아요, 좋아" 하고 교수님이 대꾸했다.

교수님은 그다음에 꺼낼 말을 주저하는 듯 잠시 머뭇거렸는데, 나는 오히려 그게 반가웠다.

"자네가 여기서 형성한 습관들이 평생 갈 것이네."

그때 정신이 번쩍 들었다.

누가 얼굴에 찬물이라도 끼얹은 것처럼 나는 두 눈을 크게 떴다. 그날 종일 그 말씀이 내 영혼에 울려 퍼졌다. 나는 주변을 돌아보며 다른 사람들이 하는 행동과 내가 하고 있는 행동을 보고 문득 궁금해졌다. 이게 바로 앞으로 10년간 내가 하기 원하는 일이란 말인가?

시간이 많이 흘렀지만, 지금도 그 생각을 해 본다. 옳은 말이다. 술고래였던 친구들은 여전히 술고래다. 요즘에는 그런 음주 문화에 '파티'라는 표현을 쓰지 않을 뿐이다. 그 대신 알코올중독이라는 덜 화려한 이름이 붙는다. 매일 밤 다른 상대와 잠자리를 같이 하던 친구들은 졸업하기도 전에 임신하고 결혼한 친구들이 많다. 그중에는 불륜 때문에 곧 이혼할 친구들도 있다. 물론 은혜도 있고, 두 번째 기회도 있지만, 하면 할수록 그 일이 더 쉬워진다는 것은 어쩔 수 없는 인생의 현실이다. 우리가 형성하는 습관들, 특히 마음대로 선택할 자유가 넘쳐나는 시기에 형성된 습관들은 죽을 때까지 가는 경우가 많다.

나는 내가 원하는 걸 한다

대학 시절, 친구들과 즐겨 하던 말이 있다. "나는 내가 원하는 걸 한다." 그건 확실히 남성 에고의 발현이었던 것 같다. 누가(대개는 여자) 우리에게 반대하면, 신속하고도 단호하게 이렇게 반응하곤 했다. "나는 내가 원하는 걸 한다고!" 그것은 우리가 우리 운명의 주인이기에 그 누구도 우리에게 이래라저래라 말할 수 없다고 주장하는 일종의 독립 선언이었다. 하지만 그것이 사실이 아니라는 게 문제였다.

우리는 우리가 원하는 것을 하지 않았다. 공부나 등록금 납부를 늘 원하지는 않았지만 어쨌든 했다. 왜 그런가? 해야 하니까. 꼭 해야 할 일이 많지 않기 때문에 원하는 일을 하게 된다. 이것이 청춘의 현실이다. 하지만 염려 마라. 늘 당신이 원하는 일만 하지는 않을 테니. 반드시 해야 할 일을 하게 될 테니. 세월이 흐르면서 '할 일'은 점점 더 많아진다. 주의하지 않으면, 미리 대비하지 않으면, 그럴 때 억울함을 느끼기 쉽다. 하지만 그만큼 당신은 지혜로워졌으리라 믿는다.

사도 베드로는 고집이 셌다. 약간 충동적이었던 것도 같다. 그는 어부였는데, 그물을 내려놓고 예수님을 따라 전국을 돌아다녔다. (틀림없이 아무 생각이 없었을 것이다) 배에서 나와 물 위를 걸으려 했던 사람도 그요, 칼을 꺼내 로마 군병의 귀를 자른 사람도 그였다. 그는 마음 가는 대로 행동했다고 해도 과언이 아니다.

베드로도 책임에 익숙한 사람이었다. 결혼도 했고, 아마 일도 꾸준히 했을 것이다. 예수님을 만나기 전까지는. 그분을 만나고서는 3년간 철저히 모험을 하면서 세상을 바라보는 새로운 시선을 배웠다. 어쩌면 가벼운 중년의 위기 때문이거나 베드로의 의사 결정 방식이 원래 그랬는지도 모르겠지만, 그는 결정하기 전에 많이 생각하는 편은 아니었다. 그냥 저지르고 보는 식이었다. 그런데 모든 게 달라졌다. 그가 남은 평생 할 일을 받았을 때. 예수님이 베드로에게 그 위에, 즉 반석 위에 교회를 세우겠다고 말씀하셨을 때.

이것이 베드로에게는 무슨 뜻이었을까? 주님이 말씀하셨다. "네가 젊어서는 스스로 띠 띠고 원하는 곳으로 다녔거니와 늙어서는 네 팔을 벌리리니 남이 네게 띠 띠우고 원하지 아니하는 곳으로 데려가리라."[27] 이야기가 진행되면서 베드로는 결국 체포되어 십자가형을 당했다. 어떤 기록에는 그가 그리스도와 똑같이 죽을 수는 없다고 느껴 거꾸로 십자가에 매달아 달라고 요구했다고 나온다. 그러나 이 말씀은 단순히 베드로가 어떻게 죽는지를 이야기하지 않는다. 오히려 그가 남은 생애를 어떻게 살게 되는지와 연관이 있다.

베드로는 자신이 언제 주제넘은 짓을 하는지를 어렵사리 배웠다. 예수님이 그의 충동적인 행동을 지적하신 것은 한두 번이 아니었다. 그는 별생각 없이 말하고 행동할 때가 많았다. 그를 조정하는 주된 감정은 열정이었다. 그 때문에 유익한 점도 많았지만, 곤란에 빠질 때도 있었다. 처음에는 열정 때문에 예수님을 따랐지만, 그 열정 때문에 주님을 꾸짖고 그분께 '사탄'이라는 소리를 듣기도 했다.

베드로는 나이가 들고 성숙하면서 진정한 제자는 늘 자기가 원하는 것만 하지는 않는다는 사실을 배웠다. 늘 충동적으로 행동하지 않는다는 것도 배웠다. 진정한 제자의 표시는 통제되지 않는 열성이 아니라 순종임을 배웠다. 그것이 성숙이다. 그는 자기 삶으로 그 점을 입증했다. 어떤 음식이 정한 음식이며 어떤 사람이 어울릴 만한 사람인지를 정한 낡은 유대 관습을 피했다. 그는 완벽하지는 않지만, 훨씬 더 겸손한 사람이 되었다. 그는 자기 인생이 더 이상 자기 것이 아님을 깨달았다.

이것이 우리에게 뜻하는 바는 무엇인가

나는 인생이 불편한 순간의 연속임을 배우는 중이다. 그럴 때 우리에게는 선택권이 있다. 불편함이 가져다주는 성장의 기회를 받아들이든지, 뒷걸음질치며 고통을 피하든지. 나는 너무 많은 불평을 쏟아내지 않으면서 전자를 택하려고 노력하고 있다.

사람은 누구나 자신에게 쉽지 않은 일들을 해야 한다. 비결은, 그런 일들 배후에 있는 목적을 보는 것이다. 남편이라면, 아내를 위해 개인적으로 헌신하는 것을 뜻한다. 나는 아내를 사랑하고 아내는 내 사랑을 받을 자격이 있기 때문이다. 가족들에게 가정의 리더요, 종으로서 시간을 내어주는 것을 뜻한다. 직원이라면, 상사를 신뢰하고, 별로 하고 싶지 않을 때도 내가 맡은 일들을 하는 것을 뜻한다.

가장 중요하게는, 하나님이 내 인생에 원하시는 것이 내가 원하는 것보다 더 중요하다는 뜻이다. 광신자가 하는 말처럼 들릴 수도 있겠지만, 나는 내 인생을 맡길 만한 사람으로 적합하지 않다는 게 사실이다. 나는 영적 지도가 필요한 사람이다. 그렇지 않으면 만사를 엉망진창으로 만들고 말 것이다. 어린아이처럼 늘 내가 원하는 일만 하고, 정작 필요한 일은 쳐다보지도 않을 것이다. 살아보니, 내가 원하는 것을 좇을 때마다 결국 상처 입고 실망하고 상심하게 되었다. 내 계획보다 큰 계획에 항복했을 때, 나를 넘어서는 뜻에 나를 드렸을 때만이 진정한 만족감을 찾을 수 있었다.

대학 졸업을 앞두고 남미로 가야겠다는 확신을 굳혔다. 스페인어를 전공했으니 평생 스페인어를 말하며 사는 것이 그다음 순서라고 생각했다. 스페인에는 이미 다녀왔으니, 다음은 남미행이

맞았다. 가장 친한 친구가 이미 과테말라에 가 있어서, 그 친구와 함께 지낼 예정이었다. 내가 원치 않는 곳으로 부름을 받으리라고는 꿈에도 생각지 못했다. 더 큰 계획에 순종하기 위해 나의 바람을 내려놓게 될 줄이야.

누가 세계 선교의 중요성에 대해 강연한다고 해서 어느 교회를 찾았다. 강사가 10/40창과 헤이스택 기도회 등에 관해 이야기하고 있었다. 그런데 남미로 떠나고 싶은 마음 때문에 갑자기 죄책감이 들기 시작했다. 세미나가 끝나고 강사에게 가서 대화를 청했다. 나는 스페인어를 전공했다고 소개하면서, 요즘도 사람들에게 북아프리카나 중동, 아시아 지역으로 가라고 권하시느냐고 물었다. 그때 그가 해준 말이 지금까지도 내 귀에 생생하다. "재능이 소명을 앞서서는 안 됩니다."

하나님이 우리에게 바라시는 것을 여쭙기 전에 기술, 재능, 바람 등 우리에게 있는 것부터 바라본다면, 말보다 수레를 앞세우는 격이요, 소명보다 재능을 앞세우는 격이다. 제자가 가장 먼저 던져야 할 질문은 "내가 뭘 잘하느냐?"가 아니라, "나에게 요구되는 것은 무엇인가?" 하는 것이다.

내 경우에는, 스페인어를 사용하지 않는 곳으로 갈 가능성에 순종해야 한다는 뜻이었다. 나는 아주 잠깐 타이완에 살다가, 결국 단기 선교 단체에서 다른 사람들이 자신의 열정과 소명을 발견하도록 돕는 일을 하게 되었다. 그 길의 단계마다, 충동적인 행동이 아니라 순종을 요구받는 독특한 순간들이 있었다. 그리고 이제는 내가 원하는 것이 아니라, 내게 요구되는 것에 날마다 반응하게 되었다. 그런데 가장 말도 안 되는 게 뭔지 아는가? 내가 만족한다는 사실이다. 내 이야기보다 훨씬 더 큰 이야기에 사로잡힌 삶이 그야말로 흥미진진하다.

모험의 끝

이 글을 쓰는 동안, 나는 아빠가 될 준비를 하고 있다. 우리 부부는 친구들에게 얼마 전 이 소식을 알렸다. 당신이 이 책을 읽고 있을 무렵이면, 이미 아들이 태어났을 것이다. 아이가 생긴다는 사실을 알면 뭔가 달라진다. 결혼하고 첫 번째 직장에 안착할 때도 마찬가지다. 책임감이라는 부담, 기대감의 압박, 누군가 당신을 의지하고 있다는 아름다운 현실.

아내와 나는 여전히 이 변화의 과정을 통과하는 중이다. 정기 검진이나 초음파 검사를 하러 병원에 가면 부모가 되는 것이 실감 난다. 우리는 어떤 부모가 될지 생각도 해보고, 어떻게 생활이 달라질지 계획도 해본다. 하지만 하루 이틀 지나면서 그런 감정들은 잦아든다. 이전과 다를 바 없는 평범한 생활이다. 다음 정기 검진 전까지는. 예비 부모의 삶은 염려와 흥분, 기대와 혼란이 뒤섞인 묘한 시기다. 이 새 생명은 우리를 의지하고 우리의 돌봄과 공급이 필요하다. 더 이상 우리 마음대로 살 수 없다. 부모로서 우리에게 요구되는 일을 해야 한다. 그러면 부모 역할에 익숙해진다.

주변에 정착한 사람들을 볼 때 그들의 선택을 바라보는 두 가지 시선이 있다. 그들이 신념을 저버리고 모험 같은 인생을 사는 꿈을 포기했다고 볼 수도 있을 것이다. 분명 그런 사람도 있다. 하지만 겸손이라는 조금 다른 시각으로 볼 수도 있다. 그들이 자기가 원하는 일을 포기하고 자기 삶을 다른 사람을 위한 제물로 보기 시작했다고도 볼 수 있지 않을까. 그중에는 자기를 영웅처럼 돋보이게 해주는 생활방식을 포기하고, 진짜 영웅다운 행동을 실천하기 시작한 사람들도 있을 것이다. 그들은 옳은 일을 위해 자기들의 바람을 희생했다. 그것도 아주 기쁜 마음으로.

이것이야말로 무너진 사람들이 품을 수 있는 희망이다. 과거에 원치 않던 곳으로 끌려갔지만, 그리로 가게 되어 결국엔 기뻐하는 것.

WRECKED

◆ 10장 ◆
다른 사람의 인생 무너뜨리기

Wrecked

"아랫사람에게 요구한 것은 본인도 빠짐없이 해야 한다."
... 조지 패튼 George S. Patton ...

　　무너짐에서 가장 힘든 부분은 무너지고 난 이후다. 여행이 끝나고 기억이 희미해지고 다시 일상으로 돌아왔을 때. 삶의 속도가 느긋해지고 우선순위가 바뀌면 당신은 스스로 묻게 될 것이다. 내가 배신자가 된 것은 아닐까. 당신은 결혼하고 집을 사고 아이도 낳을 것이다. 자원봉사는 그만두고 아침 9시에서 오후 5시까지 일하면서 내가 무뎌진 것은 아닌지 염려할 것이다. 과거를 그리워하고 옛날 일기장을 뒤적이며 후회할 것이다. 이게 도대체 어찌 된 일인가 어리둥절할 것이다.

　　힘을 내라. 당신이 그 기회를 붙들기만 한다면, 가장 큰 모험은 아직 끝나지 않았다. 당신에게는 다른 사람들을 이 여정에 초청할 기회가 있다. 다른 사람의 인생을 '무너뜨릴' 수 있다. 이것이야말로 당신 인생에서 가장 중요한 기회다.

삶이 지루해질 때

무너짐의 체험 이후, 많은 사람이 지루함과 싸운다. 모험의 계절이 끝나고, 이제 사람들은 과거를 살거나 더 심각한 경우에는 영화나 다른 사람들의 이야기를 통해 대리만족을 얻으며 산다. 하지만 다른 대안도 있다. 당신이 당신의 목적을 발견했던 것처럼, 다른 사람들이 자기 인생의 목적을 발견하도록 도울 수 있다. 친구들, 가족들, 전혀 모르는 사람들도 도울 수 있다. 다른 사람들이 길을 찾도록 돕는 과정에서, 당신도 자신의 길을 새롭게 찾을 수 있을지도 모른다. 최소한, 인생 여정의 다음 단계는 발견할 수 있지 않을까.

대부분은 일을 가장 많이 하는 사람들이 인정은 제대로 받지 못한다. 교회에서도, 대다수 직장에서도, 세상을 바꾸는 사역에서조차 그렇다. 불공평하긴 해도, 세상 돌아가는 이치가 그렇다.

내 친구 에린은 이런 불공평의 전형적인 예다. 한 번도 만나본 적은 없지만, 에린은 내 친구다. 몇 해 전에 에린이 내 블로그의 글을 읽고 나서 온라인에서 친구가 되었다. 나는 블로그에 월세 때문에 곤란에 빠진 암 환자 팻의 이야기를 올렸다. 에린은 나를 한 번도 만난 적이 없었지만, 팻의 이야기에 감동을 받아 100달러짜리 수표를 보내 주었다. 그녀의 인생관과 후한 성품에 대해 많은 것을 시사해주는 행동이었다.

에린이 그처럼 흔쾌히 기부할 수 있었던 이유는 얼마 전 스와질란드로 다녀온 여행 때문이었다. 스와질란드는 HIV/AIDS 감염률이 가장 높은 나라 중 하나다. 에린은 그 여행 이후 삶에 대한 관점이 180도 바뀌었다. 그녀는 의식주 같은 기본 필요가 충족되지 않는 현장을 목격하고는 만사를 달리 보게 되었다. 이제는 도움이 필요한 경우를 보면 (아무리 작은 일이라도) 주저 없이 팔을 걷어붙이고 나선다. 에린의 마음은 아름답게 부서졌다. 나는 에린에게 어떻게 해서 한 번의 단기여행이 그토록 많은 변화를 가져올 수 있었는지 물었고, 그녀는 이렇게 대답했다.

> 아프리카에서 돌아온 이후 스와질란드에서 만난 놀라운 사람들의 이야기를 들려주기 시작하면서, 정말로 중요한 교훈을 얻었어요. 우리가 다른 사람들의 이야기에 연관성을 느낀다는 거죠. 아프리카의 빈곤이나 질병 같은 거대한 문제들을 접하면 사람들은 아무것도 할 수 없는 무력함을 느껴요. 하지만 새 지붕이 필요한 보육원의 이야기를 들으면 적극적으로 나서서 돕습니다. 구체적인 필요를 알면, 기꺼이 도울 겁니다. 사람들은 후한 나눔으로 늘 나를 겸손하게 만듭니다.

우리 각 사람에게는 철저한 변화의 능력이, 때로는 다른 사람의 인생을 구할 수 있는 능력이 있습니다. 당신은 내가 과장한다고 생각할지도 모르지만, 이것은 명백한 사실입니다. 주님은 우리를 공동체로 창조하셨습니다. 그런데 공동체라는 것이 늘 우리가 생각하는 형식을 취하지는 않습니다. 행함이 없는 믿음은 죽은 것입니다.

집에 돌아온 에린은 여행은 끝났지만 다른 사람들의 인생을 변화시킬 기회는 아직 끝나지 않았음을 깨달았다. 달라진 것이 있다면, 그녀의 역할뿐이었다. 에린은 참여자에서 작가와 동원가로 변신했다. 똑같은 일이 당신에게도 벌어질 수 있다. 내게도 그랬다.

안내자가 되기

나는 선교사로의 부르심을 느꼈을 때 평생 전 세계를 여행하며 살게 될 거라고 생각했다. 왜 있잖은가. 살림을 다 처분하고 아프리카로 가서 그곳 원주민들 손에 묻히는 그런 삶. 하지만 그런 일은 없었고, 앞으로도 없을 것 같다. 오랜 몸부림 끝에, 나도 그런 현실에 만족하게 되었다. 이제는 내 인생이 내 것이 아니라는 사실을 받아들이고 있다. 내 운명의 주인은 내가 아니다. 내가 무슨 일을 위해 지음 받았는지 발견하기 시작했다. 그것은 외국이든 국내든 내가 머무는 곳과는 상관이 없고, 오히려 순종과 더 크게 관련이 있다. 그 점을 깨닫는 데 오랜 시간이 걸렸다. 한동안 나는 나만의 모험을 찾아 헤맸다. 단기 선교를 가고, 주말엔 차를 몰고 멀리 나가고, 내가 도울 만한 가난한 사람들을 찾아 내슈빌 길거리를 헤매기도 했다. 이 모두는 내가 인생의 이 시기에 해야 할 일들을 하라는 부르심을 애써 모른 척하고, 오래전에 사라진 기억들을 되살려 보려는 몸부림이었다.

나는 환경의 변화를 느꼈다. 결혼을 하고 고지서가 쌓여 가고 있었다. 내가 가장 두려워하는 일-집을 사는 것-을 억지로 하게 될까 봐 두려웠다. 삶이 변하기 시작했고, 내가 하겠다고 한 적도 없는 일을 시작하고 있다는 느낌이 들었다. 그래서 평일 대낮이든 주말이든 훌쩍 떠나곤 했다. 아무 준비 없이 그냥 떠났다. 공원에 가서 노숙자들에게 먹을 것을 나눠 주기도 하고, 차를 몰고 가까운 곳을 찾거나 전국을 돌기도 했다. 초조하고 불안한 마음을 진정시켜 주고 다시 살아 있음을 느끼게 해줄 만한 일들을 닥치는 대로 했다.

이제 와 뒤돌아보면, 내가 왜 그랬는지 알 것 같다. 어른이 되면서 잃어버린, 젊은이 특유의 열정을 회복하려 애쓰고 있었다. 순수한 인생을 되살리고 싶었다. 첫 스페인 여행에서 느꼈던 감정을 다시 느끼고 싶었다. 내가 처음으로 돌아섰던 순간, 깨진 세상을 보고 내 마음도 기꺼이 깨졌던 그 순간으로 돌아가고 싶었다. 하지만 소명은 변하고 있었다. 더 이상 '멀리 있는' 깨진 세상을 직면할 필요가 없었다. 이제는 나 자신의 이기적 성향을 다루어야 할 때였다.

내가 헌신해야 할 근본적인 행동은 내가 그 무엇보다도 두려워했던 것, 바로 일상으로 돌아가는 것이었다. 그래서 짧은 여행과 방황으로 모험심에 다시 불을 붙이려 노력했다. 하지만 당신이 그렇게 애쓸 때마다 나타나는 결과는 똑같다. 아무 소용이 없다. 나는 루이스가 그 부분을 언급한 내용이 맘에 든다.

> 흥분을 유지하려고 애쓰는 것은 소용없는 일일 뿐 아니라 가장 나쁜 일입니다. 그 흥분이 사라지도록, 사그라져 없어지도록, 그렇게 없어져서 그 상실의 기간이 좀 더 차분한 재미와 즐거움으로 바뀌도록 내버려두십시오. 그러면 자신이 늘 새로운 흥분을 만날 수 있는 세계에 살고 있다는 사실을 알게 될 것입니다. 그러나 흥분 없이는 못살 것처럼 생각해서 인위적으로 유지하려고 하면, 그 흥분은 점점 약해지고 드물어질 것이며 결국 남은 인생을 권태감과 환멸감 속에서 보내야 할 것입니다.… 어린 시절 처음 물장난을 쳤을 때의 느낌으로 되돌아가려고 한없이 (또 가망 없이) 애쓰기보다는 수영을 배우는 편이 훨씬 재미있습니다.[28]

어렸을 적 살던 집에 한번 가보라. 모든 게 그때보다 훨씬 작게 느껴질 것이다. 페인트칠은 기억보다 희미하고, 뒷마당은 생각보다 밋밋하다. 모든 게 너무 평범하다. 이 집이 정말로 한때 내게는 성이요 우주선이요 광활한 대지였던 그곳이 맞는가? 역사에 길이 남을 전장이 맞는가? 공룡과 위험이 가득한 잃어버린 세계가 맞는가? 아닌 것만 같다. 훨씬 더 따분하고 신비감도 떨어진다. 예전에 재밌게 본 영화를 다시 볼 때도 비슷한 느낌이 들기는 마찬가지다. 당신의 기억과는 달리 그렇게 재밌지가 않다.

여기에는 뭔가 깊은 것, 매우 영적인 것이 작용하고 있다.

루크 윌슨Luke Wilson이 연기한, 영화 "헨리 풀 이즈 히어"*Henry Poole Is Here*의 주인공은 내면의 악령 때문에 괴로워하다가 어릴 적 살던 동네로 돌아온다. 처음에는 왜 헨리가 시세의 두 배나 주고 어떤 집을 사려 하는지, 또 반복해서 그 집 앞을 지나가는지 이해가 가지 않는다. 하지만 그가 죽음을 앞두고 있고, 그 집에서 죽음을 맞고 싶어 하는 것을 곧 알게 된다. 왜 그럴까? 그의 말에 따르면, 그곳이 "내가 마지막으로 행복을 느낀 곳"이기 때문이다.[29]

하지만 그 집으로 이사 온 후에도 공허함과 우울함은 사라지지 않는다. 오히려 더 심해진다. 이제는 사라져 버린 과거의 감정으로 돌아가려 애쓸 때 우리 모두는 동일한 교훈을 얻는다. 어떤 관계에 너무 오래 집착할 때, 가장 즐거웠던 휴가 장소를 다시 찾을 때, 월급과는 상관없이 너무나 좋아했던 첫 번째 일터로 돌아가는 꿈을 꿀 때, 청소년기의 '도취감'을 계속 연장하려고 애쓸 때. 하나같이 소용없는 일이다. 당신도 헨리처럼 실망할 것이다. 그런 만족감은 당신이 하는 일이나 사는 곳과 아무 관련이 없음을 깨달을 것이다.

당신이 가장 최근에 뭔가를 처음으로 했을 때 느낀 감정이 이것이다. 당신을 그토록 흥분시킨 것은 주변 환경이 아니라, 당신 내면에 되살아난 무엇인가였다. 그럴 때 당신은 어떻게 하는가? 무너짐 이후에 반드시 뒤따라오는 우울증을 어떻게 극복하는가? 성장의 허탈함과 실망감에 어떻게 맞서 싸우는가?

당신도 헨리처럼 하면 된다. 그 여정에 다른 사람을 동참시키는 것이다.

귀향

무너짐의 진정한 의미는 어려운 일을 하는 것이다. 불편함 속으로 발을 내딛는 것이다. 비행기 표를 사거나 외국으로 이주하거나 도심으로 첫 선교여행을 떠날 때 당신 마음에는 미지의 세계에 대한 두려움이 가득했다. 당신을 무너뜨렸던 것은 그 불편함을 뚫고 앞으로 나아가 미지의 세계를 껴안으려는 결단이었다. 그것은 당신의 감정과 상관없이 옳은 일을 하겠다는 용기 있는 행동이었다. 인생도 마찬가지다. 우리는 **인생이 내 것이 아니라는** 동일한 교훈을 반복해서 배운다.

수년 전에 친구 데이비드가 내게 아빠가 되는 것이 어떤 것인지 말해준 적이 있다. 나는 이렇게 물었다. "둘째 아이가 생기는 게 더 힘들어, 셋째 아이가 생기는 게 더 힘들어?"

친구는 한숨을 내쉬었다. "사람들이 그런 질문을 많이 하는데, 사실은 첫째 아이가 생길 때가 제일 적응하기 어려운 것 같아. 결혼하고 집을 사고 아이를 낳고, 이 모두가 나에 대해 죽는 법을 배우는 과정이잖아."

바로 그거다. 자아에 대해 죽는 것. 당신의 권리를 포기하는 것. 기대를 내려놓는 것. 진정으로 풍성한 인생은 당신의 삶을 내주는 것, 내려놓는 것, 포기하는 것이라는 교훈을 우리는 반복해서 배워야 한다. 당신이 어디에 사는지, 무엇을 하는지는 상관없다. 당신이 껴안아야 할 더 큰 세상을 엿보는 것, 그것이 기폭제가 된다. 그 세상을 껴안으려 하면, 정착하고 싶은 유혹, 편해지고 싶은 유혹을 받을 것이다. 당신은 그 유혹에 저항해야 한다.

스물두 살에게 무너짐이란, 직업을 포기하고 세계 여행을 떠나는 것을 의미할 수도 있다. 한적한 교외 지역을 떠나 도심으로 이사하거나 남자친구와 헤어지고 먼 곳으로 이사하는 것을 뜻할 수도 있다. 큰 회사에서 승진할 기회를 거부하고 동네 비영리 단체의 제안을 받아들이는 것을 뜻할 수도 있다. 서른다섯 살에게 불편한 일이란, 집 안 청소나 고지서 납부를 뜻할 것이다. 아이들을 제시간에 학교에 보내거나 아이들 축구 시합을 놓치지 않는 것일 수도 있다. 이전보다는 덜 멋있어 보일지도 모르지만, 교훈은 같다. 당신 인생은 당신 것이 아니라는 것이다.

무너짐은 평생 같은 양상을 띠지는 않는다. 인생의 계절마다 바뀐다. 단계마다 고유한 도전과 유혹이 따르기 때문이다. 당신의 목표는 담대하고 겸손하게 그 도전과 유혹에 맞서는 것이다. 당신이 달가워하지 않는 것을 적극적으로 찾아 끝까지 견뎌내는 것이다. 그럴 때 사람은 성장하기 때문이다.

인생이란 우리 생각에 재밌는 이야깃거리가 될 법한 것을 살아내는 것이 아니다. 오히려 우리가 받은 재능을 다른 사람들의 유익을 위해 쏟아 붓는 것이 인생이다. 그래서 누군가는 인도 나환자 수용소에서 살고, 누군가는 오클라호마 주에서 다섯 자녀를 기른다. 누군가는 도심으로 이사를 하기도 하고, 노숙자 센터를 시작하기도 하고, 이웃에게 저녁 식사를 가져다주기도 한다. 중요한 것은, 자기 소명이 무엇이든 그것을 체념하듯 받아들이는 것이 아니라 적극적으로 껴안는 것이다. 체념하듯 받아들이면 후회하고 중년의 위기에 빠지기 쉽지만, 적극적인 수용은 당신을 해방시킬 것이다.

우리는 무슨 일을 하느냐보다 그 일을 어떻게 하느냐가 더 중요하다고 들었다. 당신이 어디에 있든 하나님은 당신을 쓰실 수 있다. 당신이 사람들의 인생에 무슨 씨앗을 뿌리고 있는지 모를 일이다. 당신이 그 열매를 볼 수 없을 때에도 말이다. 이런 말들은 모두 사실이다. 당신이 그 말을 당신 인생을 정당화하기 위해 사용하지 않는다면 말이다. 어려운 일-당신이 자신의 권리를 포기하고 당신 이야기보다 더 큰 이야기에 복종할 수밖에 없도록 만드는 급진적 행동-을 피하려고 사용하지 않는다면, 당신이 자란 동네에서 가정을 꾸리고 정착하는 것이 이 일을 성취한다면, 괜찮다. 하지만 그것이 당신의 진정한 부르심에서 도피하는 방법이라면, 다시 생각해보라. 불편함이 핵심이다. 100퍼센트 현실에 만족한다면, 당신은 뭔가를 놓치고 있을지도 모른다.

거짓처럼 느껴질 때

삶이 안정되고 당신이 하는 일이 일상처럼 느껴지기 시작하면, 당신을 괴롭히는 내면의 목소리와 싸움이 시작된다. 이런 형태의 공격은 전업주부나 사무직 근로자들에게 가장 흔히 찾아온다. 때로 우리는 안락함을 사용해 숨기도 하고, 모험이 탈출구가 되기도 한다.

드디어 당신은 삶의 목적에 푹 빠져들었다. 하나님이 당신에게 주신 이야기를 살고 있지만 내가 스스로 속이고 있지는 않은지 의문이 들기 시작한다. 나도 맨 처음 다른 사람들의 이야기를 대신 말해주기 시작했을 때 그런 느낌이 들었다. 나는 누구인가? 내게는 무슨 권위가 있는가? 내 안에는 아직도 악함과 모난 상처가 가득한데, 무슨 자격이 있단 말인가? 나는 나도 따르기 어려운 메시지를 가르치고 있었다. 사람들은 그런 때에 포기하고 싶은 유혹을 받을 수도 있지만, 포기야말로 절대로 해서는 안 될 일이다.

누구나 벽에 부딪힐 때가 있다. 오랫동안 용감하게 싸우며 명예롭게 살아왔는데, 어느 날 갑자기 예상치 못한 장벽을 만난다. 겉으로는 괜찮아 보이는 테크놀로지 중독 문제일 수도 있고, 알코올이나 포르노그래피 중독처럼 좀 더 심각해 보이는 문제일 수도 있다. 무슨 문제든, 그에 대한 집착이 일상에 파고들어 조용히 우리를 잠에 빠뜨린다. 전혀 의식하지 못하는 사이, 우리는 더 이상 내면의 삶에 집중하지 않는다. 우리를 둘러싼 세상이 기계적이고 무의미하게 느껴지기 시작한다. 전에는 사랑해 마지 않았던 일이었는데, 이제는 그 일을 하려면 억지로 동기를 부여해야 한다. 그래서 우리는 가족, 공동체, 우리를 가장 배려해주는 사람들 등 우리를 구원해 줄 수 있는 조직들을 멀리한다. 그러고는 우리의 무심함에 죄책감을 느낀다. 그런 죄책감은 우리를 더 소외시킬 뿐이다.

그럴 때는 이것이 '당신의' 소명이 아님을 다시 한 번 기억해야 한다. 다른 사람들이 자기 길을 찾도록 도와주는 이 소명은 당신이 발견한 번뜩이는 아이디어가 아니다. 그보다 훨씬 중요한 것이다. 물론, 당신은 오랫동안 스스로 축적해 놓은 자원을 가지고 일했겠지만, 그렇다고 해서 사실이 달라지지는 않는다. 본래의 소명, 진정한 소명은 여전히 당신에게 복종을 요구한다. 소명은 이것이 당신의 싸움이 아니라고 말한다. 당신 혼자만의 싸움이 아니다. 이제 제자리를 찾을 때다. 건강을 회복하는 것, 좋다. 하지만 동시에 일도 잘해야 한다. 지금은 포기할 때가 아니라, 계속해서 앞으로 나아가야 할 때다.

교만이 절정에 달한 때나 상처가 깊을 때 이런 통찰을 얻을 수도 있다. 언제가 됐든, 어디가 됐든, 그런 통찰은 오기 마련이다. 그럴 때 거기 굴복하라. 저항하거나 무시하지 마라. 항복하라. 당신 내면에 들리는 이 목소리는 우연이 아니다. 고요하지만 중요한 소리다. 그 소리에 귀를 기울여라. 그 소리는 당신이 혼자가 아니라고 말하고 있다.

당신도 나처럼 그 말씀이 마음을 뚫고 들어오도록 허락하게 될지도 모른다. "나는 내 손의 힘과 내 지혜로 이 일을 행하였나니 나는 총명한 자라."[30] '그래, 이 모든 걸 내 손으로 했다고 믿은 것은 바로 나구나.' 모든 사람은 때로 낙심한다. 우리에게 주어진 이 삶을 살아낼 자격이 있는지 회의한다. 하지만 이것은 절호의 기회인데, 근본 원인, 즉 당신이 맨 처음 이 여정을 시작했던 이유로 돌아갈 수 있다는 뜻이기 때문이다. 아마 당신도 나처럼 이 말씀에 크게 안도할 것이다. "도끼가 어찌 찍는 자에게 스스로 자랑하겠으며 톱이 어찌 켜는 자에게 스스로 큰 체하겠느냐? 이는 막대기가 자기를 드는 자를 움직이려 하며 몽둥이가 나무 아닌 사람을 들려 함과 같음이로다!"[31]

그럴 수 없다.

당신은 도구다. 대변자요, 그릇이다. 당신은 메시지가 언제 완성되는지 말하지 못한다. 당신이 사실로 아는 내용을 선포할 뿐이다. 물론 당신은 성실성을 잃지 않도록 주의해야 하지만, 그건 당신의 명성을 위해서가 아니라 당신이 전하는 메시지 때문이다. 은혜가 흘러가게 해야 한다. 특히, 어찌해야 할 바를 모를 때, 당신이 가짜처럼 느껴질 때는. 하지만 이 일은 당신보다 훨씬 더 크고, 당신 인생에서 벌어지는 또 다른 형태의 무너짐에 불과하다. 그것을 떠안고 극복하라. 당신이 해야 할 일이 더 남아 있다.

엉망진창 인생 속으로 들어가기

어느 화요일 오전, 내슈빌 도심에 있는 레스큐 미션 사무실을 찾았다. 휴가와 출장, 분주한 일상 때문에 3주 동안이나 얼굴을 보지 못한 동료들과 반갑게 인사를 나눴다. 나는 겉만 번드르르한 교외 생활을 떠나 그곳에서 보내는 시간이 좋았다. 왠지 더 현실적인 느낌이 들었다. '완벽한' 사람들의 숨 막힐듯한 겉모습만 보다가, 이곳에 오면 숨통이 좀 트였다. 가끔은 꾸밈없는 순수한 진정성이 필요하기 마련이다. 술주정뱅이들과 정신분열증 환자들, 성도착자들이 모인 곳은 그런 진정성을 찾아보기 안성맞춤인 장소가 아니던가. 이보다 더 하나님을 찾기 좋은 곳이 어디 있겠는가?

그날 아침 10시쯤, 태양과 별들이 완벽하게 한 줄로 정렬했던 것이 틀림없다. 그러지 않고서야 어떻게 결정권 있는 윗사람들이 한꺼번에 자리를 비우고, 나 혼자 구석 의자에 앉아 안내를 맡고 있을 수 있었겠는가. 무슨 운명의 장난인지, 바로 그때, 매우 불안한 표정의 아프리카계 미국인 한 사람이 걸어 들어왔다.

"어…, 실례합니다." 그가 입을 뗐다. 나는 그를 흘끔 쳐다봤다. 그 사람은 땀을 뻘뻘 흘리고 있었다. '바깥 온도가 36도가 넘으니 저렇게 땀을 흘리는 것도 당연하지'라고 생각했다. 6월이었다. 테네시 주는 6월에 꽤 덥다.

"무엇을 도와드릴까요?" 나는 전문가답게 보이려 애쓰며 물었다.

"저, 그게, 그러니까…. 바지를 좀 얻을 수 있을까 하고요." 그 사람은 어딘가 모르게 불편해 보였다. 건물 안에 들어와서도 여전히 땀을 엄청나게 흘렸고, 한 손으로는 바지 뒤쪽을 움켜잡고 있었다.

"죄송합니다." 전문가다운 목소리는 어디론가 사라져버리고, 권위적인 태도로 고개를 저었다. "저희는 3시부터 옷을 나눠드려요. 그때까지 기다리셔야 합니다." 그의 얼굴에는 불편한 기색이 더 심해졌고, 땀이 비 오듯 흘러내리기 시작했다.

"어, 그게, 그러니까요. 일종의 응급 상황이라서 말입니다. 제가…." 그가 말꼬리를 흐리는 동안에도 땀은 쉼 없이 흘러내리고 있었다. 그 사내 때문에 마음이 불편해지기 시작했다. 나는 그가 말을 맺기를 기다리며 의심스러운 눈초리로 그를 쳐다보았다. "그러니까, 그게. 저기, 제가 바지에 실례를 해서 말입니다." 그 말이 무슨 뜻인지 파악하는 데 시간이 좀 걸렸다.

'대형 사고네. 그래서 바지를 망치셨다? 알아서 처리하시지.'

나는 책임자가 돌아와야 당신을 도와줄 수 있는지를 알아볼 수 있다고 말했다. 그는 고개를 끄덕이고는 돌아서서 출입구를 나섰지만, 계속 사무실 밖에서 얼씬거렸다. 그가 돌아설 때 보니, 한 손으로 허리춤을 잡고 있던 쪽 바로 아래로 바지 뒤쪽에 커다란 고동색 얼룩이 보였다. 그는 잠시 기다렸다. 아무도 오지 않았다. 시간이 조금 더 흐르자 내가 다 땀이 나기 시작했다. 오가는 사람들이 기침이나 구역질을 심하게 했다.

사무실 밖으로 나가 복도로 들어서니 끔찍한 악취가 풍겼다. 익숙한 냄새였다. 동아리 밤샘 파티 다음 날 아침의 냄새. 토요일 오전 대학교 기숙사의 화장실 냄새. 나와 친구들은 그 악취를 "맥주 방귀"라고 부르곤 했다. 하지만 이 사내는 방귀만 뀐 게 아니었다. 냄새가 너무 고약해서, 나는 그에게 밖으로 나가 기다려달라고 부탁했다. 그 한여름 땡볕에.

7-8분쯤 지났을까. 드디어 누가 와서 나를 구해주었다. 나는 책임자 한 사람에게 가서 상황을 설명했다. 그의 머릿속에서 자비와 공의가 싸우는 모습이 그의 얼굴에 고스란히 드러났다. 그 남자에게 3시까지 기다리라고 해서 다시는 바지에 실례하지 않게

하는 것이 '공정한' 처사였지만, 그(와 주변 사람들)를 편하게 해주는 것이 자비로운 처분이었다.

결국 사내에게 바지를 가져다줘도 좋다는 윗선의 허락이 떨어졌다. 화장실에서 그를 만나 옷가지를 건넸다. 그는 미소를 지으며 진심 어린 감사 인사를 건네더니, 서둘러 옷을 갈아입기 시작했다. 고개를 끄덕이는 내 눈가가 촉촉이 젖었다. 설사 냄새가 콧구멍에 진동해서, 나는 급히 자리를 떴다. 사무실로 돌아가면서 '엉망진창'이라는 말을 떠올렸다. 빈정대거나 조롱하려는 의도가 아니라, 있는 그대로의 의미로.

엉망진창을 허락하신 하나님께 감사했다.

그를 돕는 것이 나의 안전 수위를 훨씬 넘어서는 일임에도, 내가 피하지 않았다는 사실에 하나님께 감사했다. 내 안의 모든 것은 강하게 반대했지만, 그럼에도 은혜를 베풀 기회를 주셔서 감사했다. 시련을 맞은 자비가 수치보다 더 낫다는 사실을 보여주신, 선하신 주님께 감사했다.

이 이야기가 조금 역겨울 수도 있었으리라. 지저분한 내용에 대해서는 용서를 구한다. 하지만 솔직해지자. 우리는 이처럼 지저분하고 수치스러운 상황들은 자주 입에 올리지 않는다. 교회에서도, 직장에서도, 커피 한잔을 하면서도, 이런 종류의 이야기는 꺼리기 마련이다. 하지만 이런 이야기들이야말로 가장 중요한 이야기다. 진짜 이야기다. 이런 이야기들은 우리 자신의 불편함, 우리가 회피하고 숨기고 싶어 하는 불편함을 생각하게 해 준다.

인생은 엉망진창이다. 겉으로 완벽하게 보이려 애쓰는 데도 이제 지쳤다. 우리 모두는 그 사내와 하나도 다를 바가 없다. 살다 보면 언젠가는, 누구나 만천하에 자신의 부끄러운 모습이 발가벗긴 듯 드러나는 때가 오기 마련이다. 운이 좋으면, 누군가 우릴 도우러 나타나 은혜를 베풀어 줄 것이다.

사내에게 바지를 건네고 몇 시간 후에, 점심 배식 줄에 서 있는 그를 다시 만났다. 그 사이에 나는 벌써 그의 얼굴을 잊어버렸다. 그가 나를 죽은 듯이 가만히, 정말로 심각하게 쳐다보더니 "고마웠소" 하고 말했다. 그게 다였다. 나는 그가 난처한 상황에서 구조된 상황을 잊지 않기를 바라지만, 정작 그 일을 잊지 못할 사람은 나다. 다음에 또 그런 지저분한 상황에 맞닥뜨리면, 나는 그 사내의 바지를 떠올릴 것이다. 내가 그 상황을 회피하지 않기를 진심으로 바란다. 아니, 아예 그런 상황이 나를 찾아올 일이 없었으면 한다. 오히려 적극적으로 엉망진창인 곳을 찾아 그곳에 발을 내디딜 수 있는 용기가 내게 있기를.

엉망진창인 곳을 찾아 나서는 것. 우리는 이 일로 부르심을 받았다. 이것이 바로 무너짐의 진정한 의미다.

과거를 사는 사람

가끔은 나도 과거에 멈춰 있다. 내슈빌 길거리에서 노숙자들에게 담요를 나눠주던 나를 상상해본다. 미셸에게 기분 좋은 성탄절을 선물하려고 교회 사람들과 애쓰던 일을 떠올린다. 세비야의 길거리를 거닐던 한가로운 날들을 꿈꾼다. 하지만 이런 생각들은 다 잡념일 뿐, 지금 이곳의 현실을 살아가지 못하게 만드는 핑계에 불과하다.

당신이 과거에 무슨 일을 했는지는 중요하지 않다. 오늘 하는 일, 지금 어떤 변화를 만들고 있느냐가 중요하다. '나도 할 만큼 했다', '선행 한 가지로 만족한다'는 내면의 목소리는 거짓말이다. 그 거짓말은 당신이 오늘도 얼마든지 쓰임 받을 수 있다는 열린 태도를 막아 버리는 당신의 적이다. 미묘한 방해 행위요, 당신 인생이 당신 것이라고 믿도록 속이는 행위다. 당신 인생은 당신 것이 아니다.

이 문제에는 다른 측면도 있다. 당신이 과거에 더 많은 일을 할 수도 있었다고 설득하는 이 내면의 감정들은 때로 정확하기도 하다. 그런 감정들은 당신이 항로를 이탈했다고 알려주는 영적 지표다. 당신은 한때 절대로 원치 않던 그런 모습이 되었다. 우리에게는 그 소리를 무시하고 향수로 치부하려는 성향과 유혹이 있다. 그러지 마라. 당신이 정체에서 벗어나 앞으로 나아가기 위해서는 과거의 여행이나 봉사와 희생에 대한 추억들이 필요할 수도 있다.

이 모두는 인생을 의미 있게 만들려는 것이지, 당신의 성취로 만족을 얻으려는 게 아니다. 깨진 세상을 보고 마음이 깨지는 여정을 적극적으로 받아들이고, 그 여정이 당신을 빚어가게 하는 것이다. 얼마든지 방해를 받을 수 있다는 태도로, 펼친 손으로 인생을 항해해 가는 것이다. 이것은 절대 사라지지 않는다. 당신은 늘 그 여행에 임할 준비가 되어 있어야 한다. 당신을 향한 소명이 쇠하고 안정된다고 느낄 때마다, 달려야 한다. 더 빨리, 더 멀리.

오해하지 않기 바란다. 자신을 끊임없이 비난하거나, 만족할 때까지 애쓰라는 말이 아니다. 우리가 맨 처음 이 엉망진창에 빠져드는 과정이 그렇다는 것이다. 오히려, 우리는 깨진 세상의 긴장 가운데 살면서, 목적지에 도착했다는 느낌을 억지로 쥐어짜 내는 것이 아니라, 그 여정에 만족한다.

그렇다면 당신은 무엇을 할 것인가? 수치와 아무것도 하지 않는 것을 동시에 피해 가면서 어떻게 이 긴장을 통과할 것인가? 간단하지만 어려운 일이다. 그 답은 행동하라는 것이다. 작은 일부터. 추억만으로는 부족하다. 당신에게는 오늘만 있을 뿐이다. 당신에게 약속된 것은 오늘이 전부다. 어제는 과거다. 화려했을 수도 있고, 소름 끼쳤을 수도 있다. 그러나 어제는 지나갔다. 이제는 앞으로 나아갈 때다. 오늘 당신의 폐가 숨 쉬는 것은, 손이나 발을-운이 좋다면 손발 모두를-움직일 수 있는 것은, 다 이유가 있어서다. 당신은 크게든, 작게든 이 세상을 바꾸기 위해 태어났다.

당신이 무슨 일로 부름 받았는지는 당신이 결정할 일이 아니다. 그 부르심에 어떻게 반응하느냐 하는 것이 당신의 소명이다. 당신이 하는 일은 모두 중요하다. 무슨 일이든 하라. 아무 일이든. 무조건 움직여라. 하나님의 도우심과 열린 마음만 있다면, 방법은 얼마든지 찾을 수 있다.

당신은 유산을 남기고 있다. 무슨 일을 하든, 당신은 영원히 지속될 무언가를 세우고 있는 셈이다. 행동의 유산이 될 수도 있고, 무행동의 유산이 될 수도 있다. 그 일은 바로 지금 벌어지고 있다. 당신 눈에는 보이지 않을지도 모르지만, 그 일은 반드시 벌어지고 있다. 당신은 그것을 떠안을 수도 있고, 회피할 수도 있다. 어느 쪽이든 당신은 무언가를 남기고 있다. 친구들에게. 자녀들에게. 당신이 한 일(이나 하지 않은 일)을 전혀 모르는 낯선 사람들에게까지도.

내 조언이 궁금한가? 전부를 걸어라. 어려운 일을 택하라. 편안함이 "아니오"라고 거부하는 일, 궁극적으로 당신을 형성하고 다른 사람들을 도와주는 그런 일을 하라. 아마도 그런 일은 직관이나 당신이 배운 것에 반할 것이다. 그래도 하라. 불편함 속으로 들어가라. 옳은 선택에 따르는 근심 걱정을 기꺼이 환영하라. 그렇게 다시 한 번 무너져라.

주

1. Jim Uhls and Chuck Palahniuk, *Fight Club*, directed by David Fincher (Los Angeles, CA: Fox 2000 Pictures, 1999). 영화 "파이트 클럽".
2. John Bunyan, *The Pilgrim's Progress from this World to that Which Is to Come, Delivered under the Similitude of a Dream* (Public Domain Books, 2006). 『천로역정』(포이에마).
3. Emily Dickinson, "Success Is Counted Sweetest", accessed March 8, 2012, http://www.poemhunter.com/poem/success-is-counted-sweetest/.
4. Boudleaux Bryant, "Love Hurts", performed by Nazareth, *Hair of the Dog* (c) 1975 Mooncrest and A&M.
5. Incubus, "Love Hurts", *Light Grenades* (c) 2006 Epic.
6. Po Bronson, *What Should I Do with My Life?* (New York: Random House, 2002), accessed March 8, 2012, http://www.pobronson.com/WSIDWML_Introduction.htm. 『내 인생, 어떻게 살 것인가』(물푸레).
7. 빌립보서 3:19.
8. Tony Gilroy, *The Bourne Identity*, directed by Doug Liman (Universal City, CA: Universal Pictures, 2002). 영화 "본 아이덴티티".
9. Robert Epstein, *Teen 2.0: Saving Our Children and Families from the Torment of Adolescence* (Fresno, CA: Linden Publishing, 2010).

10. J. R. R. Tolkien, *Lord of the Rings* (Boston: Mariner Books, 2005), accessed March 8, 2012, http://www.goodreads.com/quotes/show/137661. 『반지의 제왕』(씨앗을 뿌리는사람).
11. G. K. Chesterton, *Orthodoxy* (Public Domain Books, 1994). 『정통』(상상북스).
12. Brennan Manning, *Ruthless Trust: The Ragamuffin's Path to God* (SanFrancisco: HarperCollins, 2002). 『신뢰』(복있는사람).
13. Randall Wallace, *Braveheart*, directed by Mel Gibson (Icon Entertainment, 1995). 영화 "브레이브 하트".
14. 요한복음 12:24.
15. 이 인용문은 다음과 같이 잘못 소개될 때가 많다. "대다수 사람들이 고요한 절망 속에 살다가 자기 안에 노래를 품은 채 무덤으로 간다." 실제 인용문은 다음과 같다. Henry David Thoreau, *Walden*. http://www.walden.org/Library/Quotations/The_Henry_D._Thoreau_Mis-Quotation_Page. 『월든』(소담출판사).
16. Andy and Larry Wachowski, *The Matrix*, directed by Andy and Larry Wachowski (Burbank, CA: Warner Brothers Pictures, 1999). 영화 "매트릭스".
17. Oliver Wendell Holmes, "The Voiceless", 1858.
18. C. S. Lewis, "Christian Marriage," *in Mere Christianity*, accessed March 8, 2012,

http://lib.ru/LEWISCL/mere_engl.txt. 1943. 『순전한 기독교』(홍성사).
19. Charles Colson, "The Lost Art of Commitment", *ChristianityToday.com*, accessed August 4, 2010, http://www.christianitytoday.com/ct/2010/august/10.49.html.
20. Robert Epstein, *Teen 2.0: Saving Our Children and Families from the Torment of Adolescence* (Fresno, CA: Linden Publishing, 2010).
21. "Just 15, He Leads Fight to Abolish Slavery", ABC News, accessed March 8, 2012, http://abcnews.go.com/GMA/story?id=2951434&page=1#.T1lynMwzJW4.
22. Seth Godin, "The Secret of the Web (Hint: It's a Virtue)", August 10, 2008, accessed March 8, 2012, http://sethgodin.typepad.com/seths_blog/2008/08/the-secret-of-t.html.
23. 예레미야 6:16.
24. David Kinnaman, "5 Steps to a Better Career", *RELEVANTMagazine.com*, May 27, 2010, accessed March 8, 2012, http://www.relevantmagazine.com/life/career-money/features/21706-5-steps-to-a-better-career.
25. J. H. Wyman, *The Mexican*, directed by Gore Verbinski (Universal City, CA: DreamWorks, 2001). 영화 "멕시칸".
26. Shauna Niequist, "Twenty-Five," in *Bittersweet: Thoughts on Change, Grace, and Learning the Hard Way* (Grand Rapids, MI: Zondervan, 2010). 『괜찮아, 다 잘하지 않

아도』(두란노).
27. 요한복음 21:18.
28. C. S. Lewis, "Christian Marriage," in *Mere Christianity*, accessed March 8, 2012, http://lib.ru/LEWISCL/mere_engl.txt. 1943.
29. Albert Torres, *Henry Poole Is Here*, directed by Mark Pellington (Beverly Hills, CA: Overture Films, 2008).
30. 이사야 10:13.
31. 이사야 10:15.

감사의 글

이 책의 야심이기도 한, 좋은 책은 혼자서는 절대 쓸 수 없습니다. 훌륭한 책의 배후에는 늘 공동체가 있습니다. 여러 사람으로 구성된 이 팀이 없었다면, 책은 고사하고, 이 세상에 내놓을 만한 단어 한 자 없었으리라 믿습니다.

오랫동안 격려해주고 시간을 들여 제 글을 읽어준 모든 분께 감사합니다. 기억이 허락하는 한, 모든 분의 이름을 언급하려고 애썼지만, 혹시라도 빠진 분이 있다면 용서해주길 바랍니다.

아내 애슐리의 특출한 인내와 격려에 큰 빚을 졌습니다. 책을 쓰라고 한동안 꽤나 괴롭혔지요. 나조차 나를 믿지 못했는데, 나를 믿어줘 고마워요. 당신이 없었다면 책은 말할 것도 없고, 나라는 작가도 없었을 겁니다. 말로 다 표현하기 어려울 정도로, 이 책은 당신의 책입니다.

훌륭한 이야기가 얼마나 중요한지 가르쳐주시고, 나를 이 세상에 태어나게 해주신 부모님께 감사드립니다. 마리사, 니키, 패트릭. 너희는 잘 모르겠지만 이 책의 탄생에 큰 공을 세웠구나. 내가 오빠와 형으로서 줄 수 있는 최고의 조언이 있다면, 바로 이 책일 거야.

그동안 내가 만난 선교사들, 여행자들, 음유시인들(특히 '어드벤쳐 인 미션'의 간사들)은 자신들의 이야기와 삶으로 많은 것을 가르쳐 주었습니다. 내가 필요로 할 때 코칭과 멘토링과 대화를 아끼지 않은 세스 반즈에게 감사합니다. 그는 이 책에 실린 수많은 교훈과 이야기들을 정리할 수 있도록 도와주었습니다. 나도 미처 알아보기 전에, 내 안에 있는 재능을 발견해주어서 고맙습니다. 크리스 리드, 폴 바실코, 데이비드 래닝을 비롯한 'CTI 음악 사역'의 친구들에게 감사합니다. 그들이 나를 리더로 세워주었기에 다른 사람들의 삶을 무너뜨리는 것이 어떤 의미인지 배웠습니다.

마이클 하얏트에게 감사합니다. 나의 소명을 찾아 새로운 발걸음을 내디딜 수 있도록 늘 격려해주어 고맙습니다. 마이크, 당신의 넉넉한 베풂 덕택에 내가 작가와 커뮤니케이터로서 성장할 수 있었습니다. 고맙습니다.

나 자신을 믿을 수 있게 자극해준 에이전트요 친구요 코치인 마크 오스트레처, 내가 작가라고 처음으로 공식 발표했던 유스 미니스트리 코칭 프로그램(그중에서도 폴)에 감사합니다. 당신들은 정말 대단합니다.

작가 행세하는 블로거에게 모험해준 랜달 페일라이트너를 비롯한 무디 출판사 관계자 여러분께 감사합니다. 제가 아는 사람들 중에 최고로 다정한 사람들이랍니다. 특별히, 이 책의 표지를 제작하는 과정에서 거북이들에게 아무런 피해를 끼치지 않은 데 대해 듀안 셔먼과 그가 이끄는 디자인 팀에 감사하고 싶습니다.

노숙자들과 함께하기 위해 즉석에서 나와 도심행 모험을 감행해준 폴 커닝햄을 빠뜨리면 안 될 것 같습니다. 에드 캐디, 조시 다넬을 비롯한 내슈빌 레스큐 미션의 간사들은 내가 언젠가는 꼭 닮고 싶은 성인들입니다.

평생 제 목사님으로 남을 론 퍼거슨과 프랭클린 펠로십 교회 가족들에게 감사합니다. 내가 어디에 있든, 진정으로 무너진 인생이 어떤 것인지 보여주셨습니다.

내 블로그를 찾아주는 독자들, 온라인에서 만난 훌륭한 사람들에게 진심으로 감사합니다. 여러분이 없었다면, 출판은 어림도 없었을 겁니다.

마지막으로, 가장 중요한 분, 하나님께 감사드립니다. 그분은 내 이야기를 무너뜨리고 더 나은 이야기를 주셔서 그 이야기를 살아가게 하셨습니다.

옮긴이 이지혜

연세대학교 영문학과를 졸업하고 한국기독학생회출판부(IVP) 편집부에서 일했다. 이후 영국 옥스퍼드 브룩스 대학에서 출판학을 공부한 뒤 현재는 프리랜서 번역가와 출판 기획자로 활동하고 있다. 옮긴 책으로는 『최고의 설교』, 『생명력 있는 그리스도인의 삶』(이상 국제제자훈련원), 『나의 사랑하는 책』, 『정의를 위한 용기』(이상 IVP), 『지금 머물러 있는 곳을 더욱 사랑하라』, 『일상에 깃든 하나님의 손길』(이상 포이에마), 『하나님인가, 세상인가』, 『나는 크리스천인데 왜 걱정할까』(이상 아드폰테스) 등이 있으며, 「크리스채너티 투데이」 한국판에 실린 기사 다수를 번역했다

내 삶을 지배하는 모든 가치관의 혁명적 무너짐

난파

초판 1쇄 인쇄 2013년 7월 25일
초판 1쇄 발행 2013년 8월 5일

지은이 제프 고인스
옮긴이 이지혜
펴낸이 오정현
펴낸곳 도서출판 국제제자훈련원

기획책임 김명호 **편집책임** 옥성호
편집 이혜성 **디자인** 호유선
마케팅 김겸성 송상헌 박형은 김미정 손은실 김종운

등록 제22-1240호(1997년 12월 5일)
주소 (137-865) 서울시 서초구 서초1동 1443-26
e-mail dmipress@sarang.org **홈페이지** www.discipleN.com
전화 (02)3489-4300 **팩스** (02)3489-4329

ISBN 978-89-5731-623-8 03230

※ 책값은 뒤표지에 있습니다. 잘못된 책은 구입하신 곳에서 교환해 드립니다.

> 국제제자훈련원은 건강한 교회를 꿈꾸는 목회의 동반자로서 제자 삼는 사역을 중심으로 성경적 목회 모델을 제시함으로 세계 교회를 섬기는 전문 사역 기관입니다.

**난파
액션 가이드**

This book was first published in the United States by Moody Publishers,
820 N. LaSalleBlvd., Chicago, IL 60610
with the title ***Wrecked Action Guide***,
copyright © 2012 by Jeff Goins. Translated by permission
All rights reserved

Korean Translation Copyright © 2013 by DMI Publishing, Seoul, Republic of Korea.

본 저작물의 한국어판 저작권은 Moody Publishers와 독점 계약한 도서출판 국제제자훈련원에 있습니다.
신 저작권법에 의하여 한국 내에서 보호받는 저작물이므로 무단 전재와 무단 복제를 금합니다.

내 삶을 지배하는 모든 가치관의 혁명적 무너짐

난파
액션 가이드
Wrecked Action Guide

제프 고인스 지음
이지혜 옮김

국제제자훈련원

들어가는 글

　10과로 구성된 이 액션 가이드는 개인과 소그룹이 10주 동안 사용하게 되어 있지만, 편의에 따라 기간은 얼마든지 조정할 수 있다.

　이 가이드는 단순한 토론 문제와는 다르다. 내가 『난파』를 쓴 이유는 독자들의 행동을 유발하고, 생각을 바꾸고, 이 세상의 필요에 당신만의 방식으로 대처하게 하기 위해서다. 이 가이드에 '액션 가이드'라는 이름을 붙인 이유도 그 때문이다. 이 내용을 그냥 읽지만 말고 적극적으로 행동으로 옮길 수 있기를 바란다.

　한 과마다 책 내용을 한 장씩 다루는데(예를 들면, 2과는 2장을 다룬다), 그 장이 그 주간의 읽기 과제라고 보면 된다. 책의 해당 부분을 읽고 난 후에는 액션 가이드를 활용하여 책 내용을 되새겨보고 토론한다. 각 과의 마지막에는 다음 과로 넘어가기 전에 반드시 완료해야 할 도전 과제가 주어진다. 모임 전에 '행동하기' 부분을 먼저 혼자 실천해 보고, 그 다음 주나 다음 모임에서 당신의 경험을 소그룹 사람들과 나눈다.

　혼자서 이 가이드를 활용하는 경우에는, 토론 문제의 답을 일기에 적거나 블로그에 적어본다. 온라인 커뮤니티에 참여하기 원하는 사람은 트위터(#wreckedbook)나 페이스북(http://www.facebook.com/wreckedbook)을 통해 가능하다.

    이 가이드는 독자들이 무너짐의 어느 단계에 와 있든지 누구나 활용할 수 있어야 한다. 따라서 이 액션 가이드의 내용은 당신이나 당신의 소그룹, 공동체에 알맞게 얼마든지 수정할 수 있다.

제프 고인스

WRECKED

— **차례**

04 들어가는 글

08 LESSON 01
무너져라

10 LESSON 02
자아를 찾으라

12 LESSON 03
와서 죽으라

14 LESSON 04
무너질 시간

16 LESSON 05
헌신하라

18 LESSON 06
열매를 맺으라

20 LESSON 07
떠나라

22 LESSON 08
직장을 구하라

24 LESSON 09
원치 않는 곳으로 가라

26 LESSON 10
다른 사람의 삶을 무너뜨리라

Wrecked Action Guide. **LESSON 01**

무너져라

:: 읽기
『난파』의 들어가는 글과 1장을 읽으라.

:: 돌아보기
존 메이어는 "뭔가 빠진 게 있는데, 그게 뭔지 모르겠어요"라고 노래한다. 그는 이어서 자신에게 필요하다고 생각하는 것들(여자, 기타, 돈)을 나열하지만 아무것도 만족을 주지 못했다고 말한다.

그의 말이 옳았다. 뭔가가 빠졌는데, 당신이 생각하는 것은 답이 아니다. 우리 인생에 필요한 것은 다름 아닌 긍휼이다. 다른 사람들을 위해 좀 더 용기를 내는 것, 그게 빠졌다. 우리에게는 더 많은 물건이나 활동이 아니라, 어려운 사람을 섬길 기회가 더 많이 필요하다.

:: 묵상하기
잠시 시간을 내어 당신의 소유물(돈, 책, 옷, 전자제품 등)을 생각해보고, 목록을 만들어보라. 그런 다음 자기 자신에게 이렇게 물어보라. "이 중에서 정말로 내게 만족을 주는 것은 몇 개나 되는가?" 솔직히 대답해야 한다.

노트북이나 자동차를 잘 활용하는 것은 좋은 일이다. 소유 자체에는 아무 문제가 없다. 그러나 얼마 못 가 우리는 이런 물건들을 의무와 부담으로 보기 시작하고, 우리가 소유한 것들이 오히려 우리를 소유하고 있다고 느끼기 시작한다.

조금 전에 적어놓은 목록을 곰곰이 살펴보라. 이 중에서 없어도 얼마든지 잘 살 수 있는 물건은 무엇인가?

:: 토론하기

1. 당신 인생에는 무엇이 빠져 있는가? 기쁨인가, 목적인가, 성취인가? 다른 무엇인가? 뻔한 정답 말고, 정직하게 답해보라.

2. 고통에는 정말 목적이 있는가? 있다면, 무엇인가? 당신도 살면서 어려움을 당할 때 그 가운데서 이유를 찾은 적이 있었는가? 그때 얻은 교훈은 무엇인가?

3. 당신이 채워줄 수 없는 어려운 상황을 만난 적이 있는가? 그럴 때 당신의 기분은 어땠는가? 탈리아가 이름 없는 여인을 만났을 때 느낀 무기력감을 당신도 느끼는가?

:: 행동하기

주변에서 철저한 긍휼의 삶을 구체적으로 드러내는 사람을 찾아보고, 그 사람에게 점심이나 차를 같이 하자고 부탁하라. 그 사람과 대화하면서 배운 내용을 다음번 모임에서 나누라.

Wrecked Action Guide. **LESSON 02**

자아를 찾으라

:: 읽기
『난파』 2장을 읽으라.

선택 과제 : 인터넷 검색창에 '토머스 머튼 거짓 자아'를 쳐보고 관련 글을 두어 개 읽어보라.

:: 돌아보기
토머스 머튼은 우리에게 두 가지 자아, 즉 남들에게 보여주는 자아와 진정한 자아가 있다고 말했다.

인간은 누구나 어떤 형태로든 깨지고 불완전한 존재다. 그래서 우리는 약한 모습을 드러내기 두려워하고, 자신의 강점과 재능을 강조하여 남들에게 잘 보이려 애쓴다. 그 과정에서 진정한 우리 모습은 잊어버리고 만다. 진정한 자아를 되찾는 길은 복종과 희생의 길이다. 이것은 다른 사람들을 기쁘게 하기 위해서가 아니다. 우리의 이기적인 모습을 솔직히 인정하고, 그 과정에서 우리 스스로 만들어낼 수 있는 것보다 더 나은 인생을 찾기 위해서다.

:: 묵상하기
당신이 거짓 자아를 강조할 방법들을 생각해보라. 자신을 실제 모습보다 더 나은 사람으로 포장하는 방법에는 어떤 것들이 있는가? 거절을 두려워하지 않는다면, 당신의 자연스러운 모습은 과연 어떤 모습일까?

:: 토론하기

1. 자아를 찾아보려고 애썼지만 아무 소득을 얻지 못한 적이 있는가?

2. 진정한 당신의 모습으로 살지 못하고, 진짜 당신이 아닌 역할을 연기하기 위해 당신이 취한 방법에는 어떤 것들이 있는가?

3. 우리의 진정한 역할을 찾을 수 있는 기회에는 어떤 것들이 있을까? 살면서 진정한 자아를 찾았다고 느낀 때가 있었는가? 그때 당신은 무얼 하고 있었는가?

:: 행동하기

영화 "본 아이덴티티"를 보라. 가능하면 처음부터 끝까지 다 보고, 시간이 안 되면 책에 나오는 장면만이라도 보라. 주인공 제이슨이 자신의 정체성을 찾아가는 방법을 따라가며 적어보라. 당신은 그가 이해되는가?

당신은 어떤 식으로 거짓 자아의 모습으로 살고 있는가? 용기를 내어 다른 사람들과 나누어보라. 나눔이 부담스러우면 일기를 적는 것부터 시작해보라. 사람들이 당신에게 기대한다고 생각하는 모습을 줄이고 좀 더 당신답게 행동하기로 결단하라. 그리고 가장 가까운 사람들에게 그 모습을 노출하기 시작하라.

Wrecked Action Guide. **LESSON 03**

와서 죽으라

:: 읽기
『난파』 3장을 읽으라.

:: 돌아보기
디트리히 본회퍼는 목사였는데, 제2차 세계대전 기간에 히틀러를 암살하려 했다가 사형을 당했다. 그는 죽기 전에 『나를 따르라』를 비롯한 영성 고전을 여러 권 저술했다. 그는 죽음의 측면에서 제자도를 이야기한 것으로 유명하다.

사람들은 "십자가를 진다"는 말에 익숙하다. 각자가 짊어져야 할 독특한 역할과 부담이 있다는 말이다. 그러나 십자가의 진정한 의미를 이야기하는 사람은 드물다. 십자가는 사형 도구다. 우리가 무너지려 한다면 우리의 모든 꿈과 야망도 죽어야 한다.

:: 묵상하기
고통 때문에 다른 사람과 더 가까워진 때를 떠올려 보라. 고통 때문에 하나님과 인생의 목적을 더 잘 알게 되었던 때를 생각해 보라.

불편한 순간들이 인생에서 가장 큰 성장의 시기인데도, 우리가 무슨 수를 써서라도 불편함을 피하려고만 하는 이유는 무엇일까?

:: 토론하기

1. 당신은 고통이나 고난 가운데서 어떻게 목적을 발견했는가?

2. 당신은 우리가 행위 가운데서 자기 정체성을 찾는다고 믿는가? 그게 아니라면, 자기 정체성은 어디서 나오는가?

3. 어떤 꿈을 열심히 좇았는데 당신이 찾던 꿈이 아닌 경우가 있었는가? 그래서 당신은 어떻게 했는가?

:: 행동하기

'마음을 아프게 하는' 일, 당신을 불편하게 만드는 일을 해보라. (당신은 필요 없더라도) 지원 그룹을 찾아가라. 노숙자 쉼터에서 자원봉사를 하거나, 멘토링 프로그램에 참여하거나, 이웃에 음식을 가져다 주라. 고통이나 슬픔이 있는 곳을 찾아가서 시간을 보내라. 그럴 때 마음에 어떤 변화가 있는지 관찰하라.

Wrecked Action Guide. **LESSON 04**

무너질 시간

:: 읽기
『난파』 4장을 읽으라.

:: 돌아보기
스페인에서 공부할 때 한 노숙자를 만났다. 그는 자기에게 음식 사 먹을 돈을 주지 않으면 내일 죽을지도 모른다고 말했다. 그는 나의 죄책감을 유도하려고 했던 것 같지만, 나는 아랑곳하지 않고 내 길을 갔다. 그런데 뭔가가 내 발걸음을 돌렸다. 나는 그 사람에게 다시 달려가서 함께 식사를 했고, 그는 내게 충격적인 말을 해 주었다. 그는 가던 길을 멈추고 자기를 도와준 사람은 내가 처음이라고 했다.
우리는 "누군가 다른 사람이" 옳은 일을 할 거라고 생각하지만, 때로는 우리밖에 없는 경우도 있다.

:: 묵상하기
당신이 되돌아섰던 순간, 옳은 일을 하라는 내면의 소리에 반응했던 때를 떠올려 보라. 그렇게 하고 난 다음에 기분이 어땠는가?

:: 토론하기
1. 당신은 무너져내린 경험이 있는가? 어떤 상황이었는가?

2. 그 경험 이후로 당신은 어떻게 행동했는가? 어떤 식으로든 지치거나 신물이 나지는 않았는가?

3. 마더 테레사는 캘커타는 어디에나 있다고 말했다. 그곳을 알아볼 수 있는 눈이 필요할 뿐이다. 당신의 '캘커타', 당신이 지금 당장 섬길 수 있는 곳은 어디인가?

:: 행동하기

이번 주에는 집중하는 연습을 하라. 당신의 도움이 필요한 순간이 올 것이다. 당신 차를 멈춰 세우는 사람을 지나치면서 "딴 사람이 도와주겠지"라고 생각할 수도 있다. 슈퍼마켓 계산대 앞에서 줄을 서서 기다리다가 현금이 약간 부족한 사람을 만날 수도 있다.

그 순간, 돌아서라, 가서 도와주라는 내면의 음성이 스쳐 지나갈 것이다. 이전에도 같은 음성을 수천 번 들었지만 번번이 무시했을지도 모른다. 하지만 이번만은 그 음성에 순종해 보라.

평소에는 하지 않는 일을 한번 해 보라. 용기 있게 베풀어보라. 그러고 난 다음에는 어떤 결과가 나왔는지 적어보라. 기분이 어떤가? 후련한가? 상쾌한가? 이전보다 더 살아 있다는 느낌이 드는가? 어떤 기분이든지, 편하게 받아들이라.

Wrecked Action Guide. **LESSON 05**

헌신하라

:: 읽기
『난파』 5장을 읽으라.

:: 돌아보기
우리 모두는 헌신을 두려워한다. 헌신에는 대가가 따르기 때문이다. 헌신하려면 나를 선뜻 내놓아야 하는데, 대개는 그게 불편하다. 사람마다 조금씩 정도의 차이는 있지만, 누구나 헌신하기 어려운 대상이 있게 마련이다.

집 안 청소, 관계 유지, 자선단체 기부 등 우리 모두는 자신이 부름 받은 일상의 일을 감당하기 위해 고군분투하고 있다. 힘든 점이 있다면, 이런 일에 동참할 때의 불편한 감정이 쉬 사라지지 않는다는 것이다. 우리가 행동을 개시하기 전까지는.

:: 묵상하기
당신이 헌신하지 못하는 일이 뭔지 생각해보라. 잔디 깎기나 직장 잡기 같은 단순한 일일 수도 있고, 그보다 더 복잡하고 극적인 일일 수도 있다. 무슨 일이 됐든, 그 일은 꼭 해야 할 일이고, 하기 싫다는 이유만으로 피할 수는 없다.

:: 토론하기

1. 당신은 헌신에 능숙한가? 당신이 최근에 깨뜨린 헌신을 몇 가지 적어보라. 중요하고 큰일일수록 더 좋다.

2. 좋은 기회가 왔는데도 번번이 더 좋은 기회를 노리며 기다리기만 한 적이 있는가? 사람들은 왜 그럴까?

3. 헌신의 세 단계는 모험, 단기 헌신, 결혼이다. 지금 당신의 삶에서 각각에 해당하는 예를 적어보라.

:: 행동하기

영화 "반지의 제왕"(특히 "왕의 귀환" 마지막 부분)을 보고 스스로 이런 질문을 던져보라. 진정한 영웅은 누구인가? 프로도인가, 샘인가? 그 이유는 무엇인가?

Wrecked Action Guide. **LESSON 06**

열매를 맺으라

:: 읽기
『난파』 6장을 읽으라.

:: 돌아보기
무너짐은 급진적인 인생의 출발점에 불과하다. 당신의 세계가 뒤집히는 체험은 덜 평범한 인생을 시작하는 계기가 된다. 하지만 진정한 성장은 우리가 헌신할 때 이루어진다.

헌신이 어려운 까닭은 많은 사람들을 겁주고 불편하게 만들기 때문이다. 그런데 우리가 의도적으로 헌신해야 하는 이유도 바로 그 때문이다. 어떤 사람이나 사물에 헌신하는 것은 우리가 무너짐을 경험할 수 있는 또 다른 방법이기 때문이다.

:: 묵상하기
힘든 선택이 좋은 결과로 나타난 경우를 생각해보라. 그 결정을 하기 전과 하고 난 이후에 기분이 어땠는가? 당신은 왜 그런 결정을 하게 되었는가?

: : **토론하기**

1. 어떤 직장에 들어가자마자 그만둔 경험이 있는가?

2. 우리 문화와 공동체, 우리 삶에서 "연장된 청소년기"의 예를 찾아 보라.

3. 완벽한 직업이라는 게 과연 있을까? 부르심에 순종하는 것과 자신의 열정을 추구하는 것 사이에서 어떻게 균형을 맞출 수 있겠는가?

: : **행동하기**

종이를 한 장 꺼내서 단기 헌신의 기회를 적어보라. 운동 계획, 독서모임, 자원봉사, 인턴십 등이 될 수 있겠다.

단기 헌신의 규칙은 이렇다. 최소한 한 달은 유지해야 한다. 두 주는 너무 짧다. 단순한 프로젝트가 아니라 단기 헌신임을 명심하고, 꾸준히 헌신하라.

Wrecked Action Guide. **LESSON 07**

떠나라

:: 읽기
『난파』 7장을 읽으라.

:: 돌아보기
누군가를 돕는 일에서 가장 힘든 부분은 우리가 도울 수 없을 때다. 때로 우리를 가장 필요로 하는 사람들이 우리 인생에서 사라져 버린다. 왜 이런 일이 생길까? 그들에게 교훈을 주기 위해서일 수도 있고, 우리에게 교훈을 주기 위해서일 수도 있고, 분명한 이유 없이 그냥 미스터리로 남는 때도 있다. 많은 사람들이 거절을 못 해서 자기 능력을 넘어선 과도한 헌신을 베푼다. 행동에 중독된 나머지, 막상 우리의 시간을 투자할 가치가 있는 핵심적인 일들에는 헌신하지 못한다. 누구나 살다 보면 최선을 위해 차선을 떠나야 할 때가 있기 마련이다. 그럴 때 우리는 우리가 아니라 하나님이 만사를 통제하심을 다시 한 번 되새기게 된다.

:: 묵상하기
직업, 자선단체, 책임 등 뭔가를 그만뒀을 때를 생각해보라. 무엇을 배웠는가? 어떻게 성장했는가? 그만둔 것이 옳은 선택이었는가? 왜 그렇다고 생각하는가? 변명거리를 찾으려 애쓰지 말고, 그냥 그 상황과 거기서 얻은 교훈을 곰곰이 생각해보라.

:: 토론하기

1. 좋은 일을 그만두어야 했던 때는 언제인가? 왜 그랬는가? 그것은 옳은 선택이었는가?

2. 누군가에게 당신이 필요하기를 간절히 바란 적이 있는가? 상대방을 위해서가 아니라 당신 자신을 위해서 누군가를 도왔던 경험이 있으면 나눠보라.

3. 하던 일을 그만두고 싶지만 그래서는 안 된다고 느꼈던 때가 있는가? 당신은 그 일을 계속했는가, 아니면 그만뒀는가?

:: 행동하기

좋은 일이지만 그만두는 것을 고려해 봐야 할 일을 열 가지만 적어보라. 좋은 기회일지는 몰라도 당신이 정말로 해야 할 일들을 방해하고 있을 수도 있다. 그런 일들을 종이에 적어보고, 이 일들 때문에 방해를 받고 있는 더 중요한 우선순위는 없는지 생각해 보라. 그중에 적어도 한 가지를 이번 주에 그만두기로 결단하라. 변명은 하지 말고 그 일을 목록에서 삭제하고 끝까지 실천하라.

Wrecked Action Guide. **LESSON 08**

직장을 구하라

:: 읽기
『난파』 8장을 읽으라.

선택 과제 : 「렐러번트」RELEVANT에 실린 데이비드 키네먼의 "좋은 경력을 유지하기 위한 다섯 단계"(http://bit.ly/wreckedjob)를 읽으라.

:: 돌아보기
즉각적인 만족의 시대를 사는 우리는 단기 헌신에 익숙하다. 하지만 진정한 변화를 불러오는 일은 늘 장기 헌신이다. 물론 최초의 무너짐에서부터 그 과정이 시작될 수는 있겠지만, 우리 시간을 투자하는 곳에 궁극적으로 유산을 남기게 된다. 특히, 어려운 사람들에게 다가가 돕는 일에는 말이다.

:: 묵상하기
당신의 첫 번째 직업을 생각해보라. 그 일이 마음에 들었는가, 마음에 들지 않았는가? 그 직장에서 배운 점과 힘들었던 점을 곰곰이 생각해보라.

:: 토론하기

1. 당신의 첫 번째 직업은 무엇이었는가? 그 일의 좋은 점과 나쁜 점은 무엇이었는가? 거기서 무엇을 배웠는가?

2. 그만두고 싶은 직장에서 오래 버틴 적이 있는가? 그것은 옳은 결정이었는가, 잘못된 결정이었는가? 두 경우의 예를 자유롭게 나누어 보라.

3. 단기 헌신을 선호하는 성향을 어떻게 극복할 수 있을까? 공동체와 우리 문화 전체에서는 어떤 대안이 있을까?

:: 행동하기

단기 헌신/장기 헌신 문제에 대한 해결책을 브레인스토밍해보라. 그 중에 한 가지를 골라 실천 계획을 세워보라. 친구나 소그룹 조원에게 당신이 계획을 실행에 옮길 수 있게 도와달라고 부탁하되, 모호한 약속은 하지 마라. 당신이 누군가를 위해 일정 기간 할 수 있는 구체적인 일을 골라 실천에 옮기라.

Wrecked Action Guide. **LESSON 09**

원치 않는 곳으로 가라

:: 읽기
『난파』 9장을 읽으라.

:: 돌아보기
우리 자신, 그리고 우리가 원하는 것이 인생의 전부는 아니다. 다른 사람을 위해 우리 재능을 쏟아 부을 때 우리는 인생의 목적을 발견한다. 자기 자신에 대해 지나치게 걱정하는 일을 그만둘 때 우리 인생은 활기를 띤다.

그러나 이 목적으로 가는 길이 만만치는 않다. 그러려면 불편한 일을 해야 하고, 특히 당신이 원치 않는 곳으로 가야만 한다.

:: 묵상하기
당신이 자란 집을 생각해보라. 눈을 감고 지금 그 집에 있다고 상상해보라. 벽지 모양이 어땠는지, 뒷마당이 어느 정도 크기였는지 기억나는가? 어떤 느낌이 드는가? 그 기억과 느낌에 잠시 빠져들라.

:: 토론하기

1. 당신이 어렸을 때 살던 집이나 예전에 갔던 휴가지, 다니던 고등학교 등을 다시 가본 적이 있는가? 어떻게 보이던가? 어떤 느낌이 들던가? 그 기억을 나누어 보라.

2. 우리가 현재를 살지 못하고 과거에 집착하려 애쓰는 방법에는 무엇이 있는가? 당신의 삶에서 찾아볼 수 있는 예를 몇 가지 적어보라.

3. 원치 않는 곳으로 끌려간(물리적 의미와 상징적 의미에서) 적이 있는가? 어떤 일이 있었고, 그 사건을 통해 당신은 어떻게 성장했는가?

:: 행동하기

하고 싶지 않은 일을 찾아서 해 보라. 그 일을 너무 많이 생각하거나 불평하지 말고 그냥 한번 해 보라. 옳은 일을 하지 못하게 막는 반사작용을 다시 길들여야 할지도 모른다.

Wrecked Action Guide. **LESSON 10**

다른 사람의 삶을 무너뜨리라

:: 읽기
『난파』 10장을 읽으라.

선택 과제 : C. S. 루이스의 『순전한 기독교』 6장을 읽으라. (http://bit.ly/wreckedlewis에서 책의 전체 내용을 무료로 볼 수 있다.)

:: 돌아보기
인생에서 중요한 것은 스스로 무너짐을 경험하는 것만이 아니다. 다른 사람들을 무너뜨리는 일도 중요하다. 스릴을 즐기기 위해서가 아니라, 다른 사람들도 그들의 소명을 찾도록 돕기 위해서다.

당신은 이끄는 삶으로 부름 받았다. 그것은 곧 당신이 살기 원하는 이야기보다 더 큰 이야기에 순복하고 희생하는 삶을 뜻한다. 때로는 그 삶이 힘들 수도 있지만, 대부분은 또 다른 모험처럼 느껴질 것이다. 느낌만 그런 것이 아니라 실제로도 그렇다.

:: 묵상하기
당신과 당신의 세계관을 변화시킨 관계를 생각해 보라. 그 사람은 멘토나 교사, 부모일 수도 있고, 어떤 식으로든 당신의 패러다임을 재형성한 다른 누군가일 수도 있다. 그 사람이 당신에게 가르쳐 준 내용과 그것을 가르쳐 준 방식을 적어보라.

:: **토론하기**

1. 당신이 무너짐을 경험하도록 도와준 사람은 누구인가?

2. 당신은 다른 사람에게 불편한 것을 소개해 주어 그 사람이 성장할 기회를 마련해 준 적이 있는가? 그 사람은 당신에게 고마워했는가, 아니면 당신을 원망했는가?

3. 요즘 당신은 어떻게 무너짐을 경험하고 있는가?

:: **행동하기**

당신을 무너뜨린 그 사람에게 편지를 쓰라. 당신과 그런 관계를 맺을 만한 사람을 찾아 시간을 내어 식사나 차를 같이 하면서 그 관계가 어떻게 발전하는지 지켜보라. 상대방을 고치려 하지 말고 그의 이야기에 귀를 기울여 주라. 엉망진창인 인생으로 들어가 그저 함께해 주는 것. 그것이 바로 무너짐이다.